夜の銀座史

明治・大正・昭和を生きた女給たち

小関孝子
［著］

ミネルヴァ書房

まえがき――夜の銀座を「女給」の視点で考える

「接待」という用語には、複数の使い方がある。日常会話の中で「接待」という言葉を使用するときには、顧客向けの特別待遇といった意味で用いられることが多い。例えば、あのレストランで取引先の社長を接待した、などの使い方である。ところが、法律上の「接待」という言葉は、その意味する内容が厳密に規定されているため、注意が必要である。実際、「接待」は、「風俗営業等の規制及び業務の適正化等に関する法律（風適法）」のなかでは「歓楽的雰囲気を醸し出す方法により客をもてなすこと」と明示的に定義されている。客の横に座り、おしゃべりをしながらお酌をし、一緒に歌って盛りあげる、そのようなサービスを提供する飲食業態は「接待を伴う飲食業」と位置づけられ、風適法の規制の対象となっている。ナイトクラブ、キャバレー、キャバクラ、ホストクラブなどの業態が「接待を伴う飲食業」に該当する。

ところが、「接待」という行為を特定することはきわめて難しい。風適法では「お酌をしたり水割りを作るが速やかにその場を立ち去る行為」は接待に該当しないということが明記されている。酒を提供する際に「社交儀礼上の挨拶を交わしたり、若干の世間話をしたりする程度の行為」も接待には当たらないとされていたりする。したがって、ショットバーでカウンター越しにバーテンダーと世間話しをすることや、ホテルのラウンジでスタッフと飲食のついでに会話をすることは、風適法の規制の対象にはならないのである。

では、このようにきわめてあいまいな「接待」という行為を法律で規定する必要があったのは、どのような理由からだったのか。「接待」が法律で規定されるようになったのは、一九三八（昭和八）年までさかのぼる。ちょうどその頃銀座の大通りは全国随一のネオン街になっていた。歓楽の中心にあったのがカフェーと呼ばれた飲食店である。若い学生までもがカフェーに入りびたり、風紀の乱れが社会問題化していた時代であった。その後カフェーは特殊飲食店と呼ばれるようになり、戦後のキャバレーや社交喫茶の時代を経て、ナイトクラブ、キャバクラへとつながっていったのである。

現在、ナイトクラブで客を接待する専門の職業はホステスと呼ばれている。そして、ホステスの前身がカフェーで働いていた女性たちであり、本書の主役である。一九六〇年頃までカフェーで働く女性たちは「女給」と呼ばれ、小説や映画にもたびたび重要な役割で登場していた。しかし現在では「女給」という言葉は蔑称とされ、一般の新聞や雑誌で使用されることがない。なぜ単なる給仕係の呼び名であったはずの「女給」という言葉は蔑称になってしまったのか。「女給」の誕生から消滅までの経緯を明らかにすることで、日本に「接待を伴う飲食業」という特殊な業態が存在している背景と、それらにまつわる様々な課題の整理をすることができるのではないだろうか。

明治以降、最先端の街として注目されることになった銀座は、常に夜の飲食文化を牽引する役割を担っていた。一九一一（明治四四）年に開業した「カフェー・プランタン」と「カフェー・ライオン」、関東大震災後の一九二四年（大正一三）年に開業した「カフェー・タイガー」など、銀座のカフェーはたびたびメディアに登場している。戦後の高度経済成長期には各界の著名人が集まる「エスポワール」や「おそめ」が『夜の蝶』のモデルになるなど、銀座の女性たちは常に表象の対象となっていた。

「女給」にどのようなラベルが貼られていくのか、記号化のプロセスを確認するためには、夜の銀座を紐解く必要がある。本書では、銀座の特徴を示す目的で、浅草や道頓堀など他の盛り場に言及している箇所があるが、舞台はあくまでも銀座である。

本書は第一章から第七章までの七つの章で構成されている。時代は西洋飲食が普及しはじめた明治中期から、女給という言葉が使用されなくなる一九六〇年頃までである。各時代に刊行された史料を時系列に並べ、時系列を崩さないことを大原則とし、それらの言説から時代ごとの微妙な変化を読み取った。その結果、通史的に論じているつもりではあるが、章ごとに独立した読み物のように見えるかもしれない。時代の変化を捉えるためには、ぜひ一章から順に読んでもらいたい。

第一章「文明開化とともに西洋飲食店現る」では、明治中期に西洋飲食店が普及しはじめた時期から「新橋ビーアホール」、「台湾喫茶店」の開業までを扱っている。カフェー業態が誕生する前に、店の給仕がどのように行われていたのかという点に着目した。

第二章「カフェーの登場と女性給仕たち」では、銀座にカフェーが登場した時期に焦点をあてて、「カフェー・プランタン」「カフェー・ライオン」で働く女性給仕に関する言説を分析した。この時期は女給当事者による史料が見当たらないため、男性客の立場からの言説を分析している。

第三章「関東大震災からの復興とカフェーの乱立」では、関東大震災後約三年間の大正末期に絞って、銀座のカフェー乱立と街並みの変化を捉えた。百貨店の登場と「カフェー・タイガー」開業のインパクトに着目している。

第四章「震災後の女給たちの生活実態」では、東京市における女給に関する史料を分析し、震災後の生活実態にせまった。震災後からは、女給当事者たちの言説が多く見られるようになってくる。カフェーの女性給仕を「女給」と呼ぶことが定着したのも、関東大震災以降のことである。

第五章「カフェーの多様化と社会問題化」では、一九二九（昭和四）年から一九三〇年（昭和五）年にかけて、カフェーが全国に普及するとともに、社会問題化していく様子を概観した。銀座でのトレンドと、大阪道頓堀でのトレンドの違いについても言及している。

第六章「「女給ブーム」による銀座女給の記号化」では、一九三〇（昭和五）年頃から女給をテーマにした小説、映画、エッセーなどが氾濫し、女給のイメージが固定化されていったことについて述べた。その後、法令により接待を伴う飲食店が「特殊飲食店」と分類され、女給という存在も法令によって定義づけられた。

第七章「戦後の銀座と女性たち」では、戦前までの流れがどのように戦後と接続しているのかについて確認し、終戦直後のキャバレーの勃興と社交喫茶について述べている。

これまでの女給に関する先行研究では、女給たちはカフェーに付随した存在として、あるいは客側の視線で対象化されて語られてきたように思う。しかし女給はモノではない。女給は働くひとりの人間である。彼女たちはいったいどのような理由で夜の世界で働くことを選んだのか。何を考え、どのような気持ちで働いていたのか。そのような問いに立ち、女給たちの眼を通して夜の銀座を見つめたい。おそらく女給たちは、いままで見落とされてきた、別の視角からの夜の世界を教えてくれるに違いない。

夜の銀座史——明治・大正・昭和を生きた女給たち

目次

第一章　文明開化とともに西洋飲食店現る

1　西洋風の街並みと「船来飲料」

明治期の銀座は東京における西洋文化の玄関口であった。銀座がその役割を担うことになったのは、一八七二（明治五）年二月の銀座大火の翌年に建設された煉瓦街の役割が大きい。煉瓦街は不燃の街をつくることを目的とした明治政府による大規模な都市開発であった。西洋風の街並みが登場すると、街並みそのものが見物客を引き寄せた。横浜と新橋停車場（現在の汐留）をつなぐ日本最初の鉄道が開通したのは、一八七二（明治五）年秋であった。

銀座の街並みをさらに魅力的にしたのは、ガス燈の登場であった。一八七四（明治七）年一二月一八日、銀座通り沿いにガス燈が設置され、夜の街をガス燈の光が照らすようになると、銀座は夜のそぞろ歩きも楽しむことができるようになった。一八八二（明治一五）年には新橋停車場から新橋を経由して日本橋を結ぶ馬車鉄道が開通した。馬車鉄道は明治後期には路面電車に変わった。煉瓦建築の立ち並ぶ銀座通りは、東京都市部における交通の要所でもあった。

当時の銀座はまだ歓楽街という特徴は持っていなかった。明治以降に登場した新興ビジネスである新聞社や雑誌社が集まる街という側面を持っていた。正岡子規はその頃の銀座の風景を俳句に詠んでいる。

銀座出る新聞賣や初からす(1)

「初からす」が元旦の朝を指す季語であることから、この俳句が元旦の朝の情景を詠んだものであることがわかる。新聞が銀座を代表する言葉であったことがこの俳句から読みとれる。銀座に最も多くの新聞社や雑誌社が集中していたのは一八八〇年頃であった。(2)現在でも銀座周辺には大手新聞社や出版社が所有するビルが多数存在し、新聞街のなごりが感じられる。

銀座に隣接する築地は東京唯一の外国人居留地であった。外国人という顧客と新橋停車場という運送手段を背景に、銀座地区には舶来品を扱う店舗が集まった。一八七二(明治五)年に日本初の洋風調剤薬局として「資生堂」が銀座で創業したことが、銀座大火後の銀座に期待されていた役割を物語っている。明治初期から中期にかけて、銀座の商業の特徴は舶来品を扱う小売物販店が集中していたことであった。明治に創業した老舗店の業態を考えてみてもその特徴がよくわかる。一八六九(明治二)年創業のサヱグサ、一八七二(明治五)年創業の資生堂、一八七四(明治七)年に聖書を扱う店としてスタートした十字屋、一八八一(明治一四)年創業の服部時計店、一八八二(明治一五)年創業のステッキ専門店タカゲン、一八九二(明治二五)年創業の山野楽器、一八九五(明治二八)年創業の岩崎眼鏡店など、思いつくままに列挙してみても、現在に続く銀座の老舗店には欧米由来の品を扱う専門店が多いことがわかる。そして明治三〇年代頃に流行していた観工場とよばれる物販店の複合施設も銀座商業の特徴のひとつであった。

もうひとつ、明治期の銀座の特徴として忘れてはならないのが、置屋街という側面である。明治期には東京市内に多くの花街が存在していたが、そのなかでも新橋という花街は明治以降に栄えた新興の花街であった。元来花街は江戸期由来の文化であるが、新橋の花街は明治政府をはじめとした明治期の要人に寵愛されたことで、明治以降に最盛期を迎えたのである。新橋花柳界の発展については、『資生堂社史　資生堂と銀座のあゆみ八十五年』のなかで次のように説明されている。

> 新橋芸妓は安政大地震後に発生したといわれる。初めは三十間堀の舟宿の屋形船に侍して銀座芸妓といわれた。置屋は新両替町二丁目（現在の銀座二丁目）に二、三軒に過ぎなかった。銀座が新しい繁華街になり、西南戦争で政商政官の会宴が盛んになるに及び、花街も発達し、鍋町芸妓、金春芸妓ができた。この三グループは新橋芸妓と総称され、明治二十年には六十人、二十七年には八十人と増した。大官巨商など客筋がよく、新橋芸妓には仲々見識と矜持があった。(3)

現在の銀座八丁目の大通りから一本奥に入った通りには「金春通り」という名前がついている。金春通り沿いには今でも新橋芸者の稽古場があり、昼間に歩くと鼓の音が聞こえてくることがある。明治期には、この金春通りや当時の地名でいう出雲町や竹川町にはずらりと置屋が並んでいた。置屋は芸者たちが共同生活をおくる場所であり支度部屋でもあった。芸者たちはお呼びがかかると銀座の置屋から料理屋や待合茶屋に出掛けていった。明治期の銀座の風景に欠かせないのは、煉瓦街、ガス燈、新聞街、舶来品街、そして芸者たちの往来する姿だったのである。

そのような銀座商業を背景に、舶来品を扱う物販店のなかから、簡易な設備を設けて外国の飲み物、いわば「舶来飲料」をその場で飲ませる商売が登場しはじめたのである。

函館屋は「バーの元祖」と言われる店である。野口孝一によると、函館屋は一八七四（明治七）年に煉瓦街の一画を手に入れたようだ(4)。函館屋は、昼は洋酒の卸、牛乳と氷の配達、そして夜は洋酒のコップ売りやアイスクリームの販売をしていた。もともとは横浜で洋酒問屋をしていたのがはじまりだったようである。函館屋のオーナーの経歴はユニークで、ロシアや清国を周遊した後に洋酒商となり、自分の店を開業した。函館屋は洋酒の品ぞろえが豊富で、本場の味を経験した洋行帰りのインテリ層に支持されていた。函館屋は男性オーナーが自ら接客するショットバースタイルの店で女性の給仕はおいていなかった。本物志向の紳士クラブ的な雰囲気だったことが、当時を知っている人々の手記からうかがえる。

次に注目すべきは、新橋ビーヤホールである。新橋ビーヤホールの開業は一八九九（明治三二）年八月四日のことであった。場所は現在の銀座通り八丁目東側の角である。新橋ビーヤホールは女性の給仕係をおいていたことがわかっているため、後ほど当時の史料を用いながら接客の様子についても確認していく。

つづいて資生堂が飲料部を立ち上げて喫茶部門に進出した。日本初の洋風調剤薬局としてスタートした資生堂が、「オイデルミン」という名の化粧水を販売し、化粧品業界に進出したのは一八九七

（明治三〇）年のことであった。その後、社長の福原有信は一九〇〇（明治三三）年のパリ万博を視察したあとアメリカに立寄った。福原は当時アメリカのドラッグストアにソーダファウンテンが併設されていたのを見て、本場アメリカから機械を輸入し、一九〇二（明治三五）年に資生堂飲料部を開業したのである。資生堂飲料部ができた出雲町一番地は、現在の銀座八丁目、資生堂パーラーがある銀座通り沿いの場所である。資生堂のソーダファウンテンの登場は、散策の途中に靴のままふらりと立ち寄れる喫茶業態の誕生であった。靴のまま店内に入って舶来飲料を飲むという行為自体が、近代味を帯びた新しいスタイルだったのである。

一九〇五（明治三八）年には台湾喫茶店が開業した。台湾喫茶店は台湾の産品である烏龍茶を飲ませる喫茶店であったが、洋酒や洋食メニューもそろえていた。台湾喫茶店も銀座に登場した舶来飲料を提供する店のひとつであった。台湾喫茶店は通称「ウーロン」と呼ばれ、「女給」を最初においた店であると言われている。台湾喫茶店については後述する。

このように、舶来品専門店が並ぶ銀座では、舶来の飲み物を提供する店の開業が続いていったのである。

2　明治の外食と男女の立ち位置

西洋料理店の給仕人

明治になると文明開化とともに、西洋の食べ物や飲み物が日本の生活に入ってきた。西洋食ブームの象徴は牛鍋屋であった。牛鍋とはスキヤキのことである。西洋食の普及とともに新たに広まった飲み物が、牛乳であり、コーヒーや紅茶などの嗜好飲料、そしてビール、ワイン、ブランデー、リキュールなどの洋酒類である。

新たな食べ物や飲み物があっという間に広まった一方で、飲食に対する「態度」は従来の日本の風習が強く残っていた。特に外食に関しては西洋と日本の風習の違いは大きかった。明治時代の外食における男女の立ち位置を確認するために、日本最初の女性雑誌である『女学雑誌』を参考にしたい。当時の外食の習慣について、一八八八（明治二一）年三月三日発行の『女学雑誌』の巻頭連載「日本の家族」には次のように記されている。なお、同記事は社説として連載されているため、主筆巌本善治によるものと思われる。

西洋人ハ出るに妻子を伴ふを以て名譽《ほまれ》とし主人の獨吟獨行《ひとりさまよい》を以て甚だ殺風景の事となせり、日本人は妻と同伴するを恥しきとに思ひ子と同行するを面倒なりとし寧ろ一瓢を携へて獨り名山の下に嘯《うそぶく》を以て甚だ風流の遊なりと思へり(5)

巌本が指摘しているように、外食という行動は、西洋では夫婦や家族連れで外食をすることが一般的であるのに対して、日本においては主に男性の行動であった。近代以降の日本の外食産業の発展は、スタート時点から性差の問題が関係していたのである。

『女学雑誌』で「日本の家族」の連載が組まれた背景には、当時のキリスト教徒たちを中心に、日本の近代化のためには家族や夫婦の関係を西洋式に改める必要があるという考え方が広まっていたことがある。キリスト教徒たちは一夫一婦制の必要性を唱え、愛のある夫婦関係を築くことを是とした啓蒙活動をおこなっていた。一八八八（明治二一）年三月一七日発行の『女学雑誌』で巌本は、男性が妾を持つ風潮を次のように批判している。

> 夫婦すでに和樂せず即はち夫婦互ひに相ひ樂しむ所ろなし此に於てか夫は其身分に應じて或は家に妾《めかけ》と名くるものを置き或は外に外妾《がいせう》と呼ぶ所の者を圍ひ或は出でゝ花柳《くるわ》の巷に遊び流連《ゐつゞけ》して家に歸らざるとあり（中略）但し方今は稍や之を厭慮して法に之を許さずと雖ども其の實際に於ては尙ほ其の多きを以て一つの名譽と見做し妾幾人外妾何個所にありと聞く時隱然之を以て豪富《ものもち》を證するの符徴となし(6)

この連載の一〇年後、一八九八（明治三一）年に一夫一婦制は法制度化された。しかし、妾を持つことを名誉とする風潮が法律によって一度に消えてしまうわけがなく、遊びは男の甲斐性であるという考え方は根強く残った。このダブルスタンダードの影響を大きく受けたのが日本の外食産業であっ

図1−1　女性がブランデーを給仕している様子を描いたビゴーの諷刺画

図1−2　西洋料理店の店内を描いたビゴーの諷刺画

た。

明治中期頃、外食客の多くが男性であったのに対して食事を運ぶのは女性であったが、このことは当時の日本人にとってはごくありふれた風景であった。そもそも江戸期の日本では、料理店や旅籠、水茶屋では女性が給仕役を担っていた。明治期になって牛鍋屋を含む西洋料理店が登場しても、多くの店では女性による給仕が行われていた。そのことを確認するために、日本人の生活風景を描写していたジョルジュ・ビゴーのスケッチから、給仕と性別の関係を確認してみたい。

図1-1は一八八七（明治二〇）年二月一五日刊行の『トバエ』の創刊号に掲載された風刺画である。ト書きにはフランス語で「社交界の訪問」と書かれている。[7] 畳の上にカーペットが敷かれ、椅子と脚をつけた火鉢が置かれ、男性客は二人とも洋装である。一方、給仕係の女性は着物姿で畳に膝をつき、お盆を畳の上に置いて酒を注ぐ準備をしている。ボトルには「BRAN」と書かれているが、これはブランデーのことである。客側には西洋式が取り入れられながらも、給仕の形式が従来の日本式であるチグハグさが描かれている。

図1-2は一八八七（明治二〇）年三月一五日の『トバエ』三号に掲載された西洋御料理小吾妻の様子である。イラストのト書きにはフランス語で「食堂─英国直輸入、流行の最先端!!」[8] と書かれ、右下には「バタ、オムレツ、ビフテキ、フライ、カテレツ、シチュー、クローケツ、サラダ、ケーキ、コーヒー、ブラン」[9] と書かれている。このイラストでは、食事マナーがわからない日本人たちが風刺されている。帽子をかぶったままの男性、コートを羽織ったままの女性、脱げたスリッパの片方、奥の男性客は皿を持ち上げている。給仕をしている女性のユニフォームは洋服ながらも足元は足袋のようである。椅子とテーブルで食べるということ、靴を履いたまま食事をするということ、帽子や外套は脱ぐということなど、西洋の食と衣服といった生活文化に関わるあらゆることが、明治になって新しく出会った世界なのであった。

ビゴーの残した絵のなかで、給仕に関する興味深い作品が二点ある。一八九〇（明治二三）年四月一日から七月三一日まで上野で開催された第三回内国勧業博覧会の様子を描いた二点である。

図1-3は、一八九〇（明治二三）年刊行の『日本人の生活〔第一次〕』に掲載されたスケッチ画で

ある。[10] 絵のタイトルから博覧会会場に出店していた西洋料理店・凮月堂の様子であることがわかる。凮月堂では本格的な洋食を提供していたとみえて、給仕は蝶ネクタイを締め、ジャケットを羽織り、白いエプロンを腰にまいた男性である。図1－4は、同じく博覧会に出店されていたレストラン内部のスケッチである。この絵は一八九〇年六月七日号の『ル・モンド・イリュストレ』に掲載されたものである。[11] こちらの絵ではレストランの名前は記されておらず、単に西洋レストランと書かれている。給仕は二人とも女性で、左の女性の胸元はだらしなく緩んでいる。右のテーブルの客がナイフを持っ

図1－3　第三回内国勧業博覧会内の凮月堂レストランの様子

JAPON. — Le restaurant européen à l'Exposition de Tokio. — (Croquis d'après nature par M. Bigot, notre correspondant.)

図1－4　第三回内国勧業博覧会での西洋レストランの様子（店名不明）

ているので洋食を食べていることがわかるが、飲み物はグラスの他に日本酒もおかれている。凮月堂よりも庶民的な店であると思われる。

この二枚の絵をみると、格式の高い西洋料理店では洋装の男性が給仕をしていたのに対して、日常使いの洋食レストランでは和服の女性が給仕をしていたことがわかる。やがて明治後期になるとカフェーと呼ばれる飲食業態が登場することになるが、それ以前から、客の多くが男性であったのに対して、給仕人の多くが女性であるというのが、日本特有の外食産業におけるジェンダー構造だったのである。その結果、日本の外食産業は各時代の男女観、性愛観の影響を受けながら変化していくことになるのである。

日本料理店、居酒屋、銘酒屋で働く女性たち

つづいて明治三〇年代頃の日本食関連の飲食店の様子を確認してみたい。カフェーと呼ばれる業態が登場する前の時期である。

平出鏗二郎は一九〇一（明治三四）年刊行の『東京風俗志・中』のなかで、料理店が評判になる要因について述べている。それは、眺望、料理、価格の安さ、静かな環境（ただし、その場合はお忍びでの遊楽の場になる危険性あり）、食器などの器類である。それに加えて、平出は「甚だしきは主婦《おかみさん》の愛嬌を以て盛なるものあれば、酌婢《しやくをんな》の容色に依りて名あるものあるに至りては、世態知るべきにあらずや[12]」と述べている。料理店のなかには、女性店員の容姿や色気で評判を集める店があるという指摘である。

女性を目当てに客が店に通うという現象は、カフェーが登場することとは無関係に、そもそも日本の

外食産業に存在していたのである。

では、酒を提供する店の様子はどうだったのだろうか。平出は前掲書のなかで、縄暖簾とも言われた居酒屋の様子を次のように記している。

一日の労銀忽爾に費し去つて、家に妻子の待つを忘るゝもあれば、酔に乗じて跳梁、徒に争傷するもあり、下劣の光景顰蹙すべし。[13]

平出がどこの街の居酒屋を描写しているのかはわからないが、平出の説明から居酒屋で酔っ払っていた男性たちは労働者の階層であることがわかる。

続いて平出は、銘酒屋を次のように説明している。

銘酒屋と稱ふるものあれども、飲酒を旨とせず、店前の棚には酒壜・蜜柑・茹卵を列ね、密かに私娼を置いて醜業を営ましむるに過ぎず。[14]

酒場のなかでも特に銘酒屋といわれる店の多くは私娼をおき、売買春の斡旋場所となっていたという指摘である。銘酒屋に私娼が出入りしていた背景には、一八七二（明治五）年の芸娼妓解放令があった。近代国家を目指す明治政府は人権擁護を求める国際世論を意識して、人身売買的要素をもつ遊廓を解体し、芸娼妓を特定の場所に集めて売春を強要することを禁じたのであった。その結果、芸娼妓の生活場所と仕事場所が分離することになった。芸娼妓は置屋に所属し、仕事の依頼があると、貸座敷や待合、料理屋へ出かけていくというシステムができあがった。このように明治初期に遊廓の仕組みが変化するなかで、置屋に所属することなく街にさまよい出た女性たちが私娼であった。私娼たちは自分で客を見つけて売春行為を行うことで生活を維持していた。私娼たちが客を見つける場所は銘酒屋と呼ばれる安酒場や新聞縦覧所とよばれる簡易喫茶であることが多かった。とくに明治中期の東京市下においては、浅草に「十二階下」と呼ばれる私娼窟が存在し歓楽街として男性客を集めていた。私娼窟の実態は、銘酒屋と呼ばれる酒場の集積地であった。ここでもやはり飲食業態と性の関係は無視できない。

客が男性で給仕が女性という構造があったがゆえに、女性の容姿や愛嬌が集客の一要素となっていたという事例はあらゆる飲食業態で散見された。西洋飲食店が女性による給仕とともに日本で受容されていたことは、日本の風習を考えれば、自然な成り行きだったのである。

新橋ビーヤホールの女性給仕たち

銀座にカフェーが登場し、カフェーの女性が評判になる前段階として、銀座にはどのような条件が準備されていたのだろうか。

まず、一八九九（明治三二）年に開業した新橋ビーヤホールについて確認しておきたい。平出鏗二郎は、前掲『東京風俗志・中』のなかで、新橋ビーヤホールについても言及している。平出が同書を刊行したのが一九〇一（明治三四）年であるため、新橋ビーヤホールがちょうど評判になっていた頃の記述である。文中の傍線は筆者による。

三十二年の夏の頃、新橋々畔にビーヤ、ホールと稱ふる飲酒店開かれ、極めて簡便にビールのコップ賣をなし、傍サンドウィッチ等を備へて、客の好みに應じて羞めしかば、俄にこれに習ふ者多く、到る處にこれを見ざるはなし。お手輕西洋一品料理なとと招牌《かんばん》を掲ぐるもの、皆この類にして、路傍の屋臺店にもまた此類あるを見るに至れり、盖し一時の流行たり。[15]

平出はビーヤホールを「一時の流行」と見ていたようだが、実際にはビーヤホールの勢いは衰えることはなく、飲食業態のひとつとして定着した。やがて京橋際にも「京橋ビーヤホール」ができ、銀座通りは北と南をビーヤホールで挟まれるかたちになった。「ホール」という言葉の響きは当時とても新しさを感じさせた。飲料を主とする他の業態でも取り入れられるようになり、牛乳を飲ませる新聞縦覧所は「ミルクホール」、日本酒を飲ませる居酒屋は「正宗ホール」とも呼ばれるようになった。

平出の言説のなかで注目したい記述は、「極めて簡便にビールのコップ賣をなし」「お手輕西洋一品料理」という説明である。最先端の飲食業態ビーヤホールの特徴は、簡便でお手軽であることだった。同書に掲載されている新橋ビーヤホールの挿絵を確認してみよう。

図1－5右上の絵には「居酒屋」というト書きが、下の絵には「ビーヤホール」というト書きがある。新しく登場したビーヤホールは、居酒屋のように外履きのまま入店し、椅子に腰かけてコップ単位で飲み物が注文でき、食事もサンドイッチなどが単品で注文できる軽飲食業態であった。お手軽で

ありながらも居酒屋のような労働者階級のたまり場ではない。ビーヤホールの絵に描かれている客たちは、紋付の羽織に袴を履いた男性や山高帽をかぶった洋装の男性といった、インテリ層の姿である。店員たちの配置を確認してみると、カウンターの内側にいるスタッフと入口の案内係は男性だが、ホールの隅に立っている給仕係は女性のようである。

図1－5　居酒屋の店内と「新橋ビーヤホール」の店内

新橋ビーヤホールで女性による給仕がおこなわれていたことは、松崎天民による『東京朝日新聞』一九一一（明治四四）年九月一六日の記事「バーとホール（四）女給仕の新橋ホール」でも確認することができる。この記事は、銀座にカフェーが登場して注目を集めた頃にビーヤホールの盛況ぶりを回想しているものである。給仕に言及している箇所を詳しく見てみよう。

> カフエーやバーは未だ出來初めで、其の完全なものを求めるには、今後二三年を要し様が、ビーアホールに至つては、今を去ること十二三年前よりして、既に都の一景物たり、加之《おまけ》に二十歳前後の女《メード》が居て、S巻、W巻、女優巻、マガレットから銀杏返し、時あつては高髷の娘々したのが出て、お酌も敢て辭せぬと云ふので、兩道《ふたみち》かけた男を吸ふ、新橋際のビー

アホールも、正に確に其の一つ[16]

カフェーが登場する以前から、ビーヤホールでは女性給仕たちが活躍しており、通りがかりの客を引きこむ魅力のひとつになっていた。髪型にも工夫をこらし、酌をすることもあったようである。しかし女性給仕たちは経済的に恵まれた層ではなかったようだ。

女給仕《メード》の顔は十八九の若かるべき妙齢《としごろ》ながら、半襟の垢にも著き不如意の影を何と讀むか、酔った人は他愛もなく「おい、お艶さん、お前の情夫《いゝひと》は死んだのかい」など、大きく揶揄《からか》ふのも、この場のさかなにせんが爲めか[17]

松崎は、給仕たちの着物の汚れから生活の苦労を読み取った。給仕たちが酔っぱらった客にからかわれるようなことも頻繁にあったようだ。

松崎は雑誌『騒人』の一九二七（昭和二）年一〇月号に掲載された「現代カフェー大観 附カフェー女の過去と現在」のなかで、ビーヤホールの女性給仕たちとカフェーの女性給仕を比較している。カフェーの誕生については後述するが、ここでは松崎がビーヤホールの給仕たちをどのように評価していたのかを確認しておきたい。

明治三十九年の晩秋、十年目に上京した私の前に、ビーヤホールとして榮えて居たは、京橋際のビーヤホールと、新橋際のビーヤホールであつた。京橋のホールには、下町風の装ひした若い女が居て、ビールのお酌をして居たが、それを東京に於ける、否、日本に於けるカフエー女の濫觴とは云へない。(18)

松崎は、ビーヤホールの女性給仕はカフェーの女給とは別物であったということを断言している。たとえ若い女性が酌までしてくれたとしても、下町風の装いをした彼女たちは、新時代を映し出してはいなかった。その一方で、松崎はカフェーが登場するより以前から営業していた台湾喫茶店がカフェーに先鞭をつけたと指摘している。

そこへ出來たのが、銀座は天賞堂前の臺灣喫茶店で、例のウーロン茶を、芭蕉菓子一皿附十錢で提供して居た。洋酒四五品を置いてカクテールも造り、佛蘭西風の洋食も食べさせたが、これが銀座に於けるカフエー又はバーの嚆矢ではなかつたらうか。（中略）女給としては、お鈴、お幸、その他二三人が居て、笑顔を見せて居たが、喫茶店、カフエーの女としては、これ等の人々が、第一歩を踏み出したのかも知れなかつた。(19)

松崎は台湾喫茶店がカフェーやバーの嚆矢であると述べており、台湾喫茶店には「女給」がいたとも言っている。この記事が書かれた一九二七（昭和二）年には「女給」という言葉が定着しているが、明治期にはまだ「女給」という言葉はないことを補足しておく。当時を知る松崎の指摘のなかで重要なことは、ビーヤホールの女性給仕は「女給」の先駆けではないが、台湾喫茶店の女性給仕は「女給」の先駆けだったという点である。台湾喫茶店の給仕はどこが新しかったのだろうか。つづいて台湾喫茶店について考えてみることにしよう。

3　台湾喫茶店とセントルイス万国博覧会

「女給」を最初においた台湾喫茶店

カフェーの先駆けといわれる台湾喫茶店が開業したのは、一九〇五（明治三八）年一二月のことであった。場所は現在の銀座七丁目西側、竹川町である。当時はまだ珍しかった烏龍茶を飲ませる喫茶店であったことから「ウーロンチー」あるいは「ウーロン」、「喫茶店」とも呼ばれていた。台湾喫茶店は最初に女給をおいたといわれている店である。

台湾喫茶店の経営者は中澤安五郎であるが、店主として店を切り盛りしていたのは女性であった。中澤安五郎と女店主との関係について、詳しいことはわからない。この女店主は一九二二（大正一一）年一二月八日付『大阪朝日新聞』の台湾版で、「おかみさん」として取材を受けている。記事によると、おかみさんが記者の取材に対して「ウーロンチーが日本に於ける所謂カフエーなるもの、元祖である事や、前例のない日本娘に適したエプロンを造るのに人知れぬ苦心した事や女給と云ふものを使つたのも最初である事やさては此おかみ獨特の客待遇論、客質論、女給論など」[20]を答えたと書かれている。このおかみさんの発言から、台湾喫茶店が自他ともに女給を使った最初の店として認知されていたことがわかる。台湾喫茶店のおかみさんは、烏龍茶を飲ませる店をはじめたきっかけについて、次のように語っている。

別に大した抱負も目的もあつた譯ぢやないのですがその頃は全く烏龍茶と云ふものが内地に知られて居ませんでしたから聊かそれを紹介したいと云ふ志を起した譯ですの、其志を起した原因はつて？中々御詮索が厳しいですね、それは先年米國でセントルイ《マ》の博覧會が御座いましたでせう、あの時農商務省では日本茶と烏龍茶の宣傳をする爲に喫茶店を開かれたのですが私共は米國に行つて居りました關係から其喫茶店の經營を引受けました、之が烏龍茶にかかはりを持つ抑《そも〳〵》の初めでした(21)

おかみさんが「私共」と答えているのは、経営者である中澤安五郎を指している。中澤は一九〇四（明治三七）年にアメリカのセントルイス万国博覧会で日本館の喫茶店を担当していた人物である。(22)おかみさんの発言から、おかみさんも中澤とともに一九〇四（明治三七）年にアメリカで開催されたセントルイス博覧会で渡米していたということがわかる。確かに、一九〇四（明治三七）年四月八日の『東京朝日新聞』には、「喫茶店接待婦人渡米」の記事がある。その記事には「山口鐵之助氏は聖路易《セントルイス》博覧會に於る喫茶店の接待員として十五名の婦人を引率し昨日横浜解纜の亞米利加丸《アメリカまる》にて出發せり」(23)と記されている。千葉の茶業家であった山口鐵之助はセントルイス万博での喫茶店出店を商機ととらえ、私費を投じたうえに農商務省に支援を要請し、仲間と共にセントルイス万博での喫茶店営業を成功させた。[24] おそらく仲間のなかには中澤安五郎がいたのだろう。セントルイス万博で成功を収めると、中澤安五郎は帰国後の一九〇五（明治三八）年一〇月に、日比谷公園内に設けられた喫茶店の運営を任された。[25] 中澤が烏龍茶を提供したかどうかについては記載がないが、この記事には「婦人八名も篤志を以て奮つて之に從ふ旨申出たり云ふ」とある。はたして、この八名のなかにおかみさんは含まれていたのだろうか。

中澤が「台湾喫茶店」を開業したのは、この年の一二月二八日のことである。開業の二日前、一九〇五（明治三八）年一二月二六日付『東京朝日新聞』には、台湾喫茶店の開業を告知する小さな記事が掲載された。次に記事の全文を引用する。

> 臺灣喫茶店の開設　臺灣産出烏龍茶は一種特優なる芳香ありて各種外國紅茶よりも風味優尚なるは夙に歐米人の認むる所なるに却て邦人にして未だ此好飲料あるを知る者稀なるを遺憾とし且は汎く烏龍茶の眞味を紹介して世の嗜好を誘致し以て臺地殖産の發展を謀らんとする□意より中澤安五郎主任として今回新橋竹川町大通に臺灣喫茶店を開設し設備は勿論精茶供用の方法等從來の賣茶店とは異り頗る高尚且輕便にして紳士淑女の休憩に適する樣仕組たる由開業は十二月二十八日午後六時よりなりと[26]

台湾喫茶店は細長い小さな店だったが、本格的な洋酒なども提供していたこともあり、インテリ層に寛げる喫茶店として支持された。

永井荷風も日記に台湾喫茶店のことを書いている。永井荷風はセントルイス万国博覧会が開催されていた時期にちょうどアメリカに滞在中で、現地でおかみさんと顔見知りになっていた。一九三一（昭和六）年一一月三日付の永井荷風の日記には、セントルイス万博のことや、おかみさんと東京で再会した時の様子が回想されている。日記によると永井荷風は一九〇八（明治四一）年に銀座で偶然おかみさんと再会をしたとある。日記が書かれた時点では、台湾喫茶店は銀座から姿を消してしまっていたようだ。永井による回想箇所を次に引用する。

臺灣喫茶店はいづこに移りしにや知らず。此店の主婦は若き頃新橋の妓にて明治卅七年頃米國セントルイスに萬國博覧會開催の時日本賣店の中茶業組合の賣店に雇はれゐたり。同行の藝者数名あり。其中一名は電車に轢殺されたり。余その頃米國に在り。博覧會には三個月ほど遊びゐたりし故これ等の事を知れるなり。茶業組合は其年の末博覧會閉場と共に茶汲の藝者をも本國に還送したり。銀座臺灣喫茶店は余が在米中にできたるものなれば開店の事は委しく知らず。明治四十一年に至り余は偶然銀座の店頭にて其の主婦に逢ひ始めて米國博覧會當時の事を語り聞かされたり。(27)

この永井の日記から、台湾喫茶店のおかみさんが渡米前は新橋芸者だったことがわかる。セントルイス万国博覧会での接待員として一五人の婦人が出発したという記事については先に述べたが、動員された婦人たちというのは、芸者たちだったのである。最初に女給をおいたとされる台湾喫茶店のおかみさんは「渡米経験のある元新橋芸者」という珍しい経歴を持った女性だったのだ。彼女がアメリカのセントルイス万国博覧会において世界各国の人々を接客したのちに台湾喫茶店の現場を指揮したこと、この事実を接客における近世文化と西洋文化の遭遇であったと捉えることはできないだろうか。台湾喫茶店が放つ新しさは、珍しいメニューや内装だけが理由ではなかったはずである。

万博で人気を博した芸者の給仕

アメリカに渡った芸者たちは、セントルイス万国博覧会でどのような役割を担っていたのであろうか。セントルイス万国博覧会における日本館での芸者については、楠元町子の研究で明らかになっている。[28] セントルイス万国博覧会では、日本舞踊などの演目を披露するために動員された芸者のほかに、喫茶店での給仕係や売店での販売員という役割でも動員された。彼女たちは「ゲイシャ・ガール」と呼ばれ、芸者による給仕は人気を博した。日本館には芸者を給仕に使う喫茶店が複数あった。ひとつは日本庭園にある日本政府主導の喫茶店で、もうひとつが喫茶や売店の営業権を引き受けていた櫛引弓人経営の喫茶店だった。櫛引が日本政府の喫茶店に対して、自分の営業権を侵害しているとして、芸者による給仕を辞めるように要請するなど、両者は芸者による給仕をめぐって対立した。それほどまでに「ゲイシャ・ガール」による給仕は評判を呼んだ。アメリカの地方紙『THE ST.PAUL GLOBE』は一面を使って「ゲイシャ・ガール」たちの帰国を惜しんだ（図1－6）。

セントルイス万国博覧会では給仕係として芸者が活躍していたことが確認できた。だが芸者たちは、普段は「給仕」を下に見ていたようである。一九〇五（明治三八）年一一月一八日の『東京朝日新聞』によると、上野公園で開催された園遊会で、接待要員として東京市内の芸妓が集められた。この園遊会は表向きには芸妓禁止となっていたため、芸妓たちの控室には「給仕婦休憩所」という札が立てられていた。芸妓たちはその札をみて「アラ厭だ給仕女だとさ」と不満を口にしていたということが新聞記事に書かれている。芸者たちが給仕という仕事を低くみていたこと、さらに、その様子を面白がって記事にしていることから、世間的にも給仕が低く見られていたことがうかがえる[30]。また一九〇八（明治四一）年一〇月八日の『東京朝日新聞』によると、アメリカ艦隊を歓迎する園遊会で、芸者を給仕係として使用することの可否に関する議論が持ち上がったとある。結局、在留アメリカ人や基督教青年会などの反対で、踊りは披露するが給仕はさせないという決定に至った。この記事からも、宴席での給仕という役割は、芸者たちの本来の役割よりも格下に扱われていたことがわかる[31]。

図1－6　『THE ST.PAUL GLOBE』1904年11月13日号の誌面[29]

しかし当時頻繁に開催されていた博覧会では、飲食店の給仕係が必要不可欠であった。女性給仕たちの衣裳を凝る店なども登場し、あたかもイベントコンパニオンのような立ち位置で女性たちが活躍するようになっていた。一九〇七（明治四〇）年三月二六日の『東京朝日新聞』には「給仕女の風俗」という記事が掲載され、東京勧業博覧会で活躍する給仕たちの服装が紹介されている。記事によると、給仕たちの装いは次の通りである。

精養軒の女中は白の半襟に薄褐色の改良服、袖口は白紐にて絞りクスミたる橄欖《オリーブ》色の袴を穿ち頭髪はお下げとして紫のリボンに括りたる如何にも高尚なるのみならず引廻したる幕の色と相對して頗る妙なり　珈琲店の女中は白色の改良帽は橄欖《オリーブ》色の袴、白色の縁付き前垂《エプロン》、結髪は白布にて包み牡丹花のピンにて止め更紗の襟飾を胸まで長く下げたるが赤鼻緒の雪駄を穿きて周旋する清楚の風趣また捨て難き想ひあり(32)

実際の記事ではこのあとも長々と飲食店の給仕係の服装の詳細が報告されている。給仕たちの衣裳の競演が博覧会を華やかにしていたようだ。この記事を読む限り、博覧会では給仕たちの仕事は卑しい仕事とは見られてはいない。博覧会自体が新しく近代的であったため、給仕という仕事も時と場合によっては新鮮に映っていたのだろう。もともと給仕の仕事は低く見られていたものの、明治期に入ると西洋飲食を扱う店が登場して注目されるようになっていった。欧米であれば、博覧会であれば、西洋食を扱う最先端の店であれば、給仕という役目もいままでとは違って新鮮に見えるようになっていたのである。

(1)　瀬川疎山編『子規句集』文山堂、一九〇八（明治四一）年、七頁。
(2)　新聞社や雑誌社が集中している様子については、小木新造「銀座煉瓦地考――開化東京の光と翳り」林屋辰三郎編著『文明開化の研究』岩波書店、一九七九年、二八一―三二三頁に詳しい。この論文には小木の調査による一八八一（明治一四）年当時の「銀座煉瓦地新聞・雑誌社一覧」が記されている。それによると当時五〇社もの新聞・雑誌社が銀座に集中していたことがわかる。

（3）資生堂『資生堂社史　資生堂と銀座のあゆみ八十五年』一九五七（昭和三二）年、八五頁。

（4）野口孝一『銀座カフェー興亡史』平凡社、二〇一八年、二二頁。著者の野口孝一は中央区史編纂にも参加した銀座史の専門家である。

（5）『女学雑誌』一八八八（明治二一）年三月三日発行、九九号、二一―三頁。

（6）『女学雑誌』一八八八（明治二一）年三月一七日発行、一〇一号、二頁。

（7）清水勲編『ビゴー『トバエ』全素描集』岩波書店、二〇一七年、三頁。

（8）前掲、清水勲編『ビゴー『トバエ』全素描集』、一二頁。

（9）前掲、清水勲編『ビゴー『トバエ』全素描集』、一二頁。

（10）清水勲『ビゴーが見た明治ニッポン』講談社、二〇〇六年、一〇一頁。

（11）前掲、清水勲『ビゴーが見た明治ニッポン』、一七五頁。

（12）平出鏗二郎『東京風俗志・中』冨山房、一九〇一（明治三四）年、一五八頁。

（13）前掲、平出鏗二郎『東京風俗志・中』、一五九頁。

（14）前掲、平出鏗二郎『東京風俗志・中』、一五九―一六〇頁。

（15）前掲、平出鏗二郎『東京風俗志・中』、一六一頁。

（16）大食漢「バーとホール（四）女給仕の新橋ホール」『東京朝日新聞』一九一一（明治四四）年九月一六日朝刊、五頁。大食漢とは松崎天民の当時のペンネームである。

（17）前掲、大食漢「バーとホール（四）女給仕の新橋ホール」の記事に同じ。

（18）松崎天民「現代カフェー大觀」『騷人』一九二七（昭和二）年一〇月号、三六頁。

(19) 前掲、松崎天民「現代カフェー大観」、三六―三七頁。

(20) 「銀座の烏龍茶（下）烏龍茶の謂れ因縁」『大阪朝日新聞』台湾版、一九二二（大正一一）年一二月八日。この新聞記事は、神戸大学付属図書館新聞記事文庫に所蔵されており、オンライン上で自由に閲覧することができる。なお掲載面は不明、執筆者名は「K生」となっている。

(21) 「銀座の烏龍茶（上）臺灣の民主的宣傳者」『大阪朝日新聞』台湾版、一九二二（大正一一）年一二月六日、掲載面不明。神戸大学付属図書館新聞記事文庫所蔵。

(22) 『東京朝日新聞』一九〇二（明治三五）年三月一三日朝刊、三頁、および『東京朝日新聞』一九〇三（明治三六）年六月一六日朝刊、二頁による。

(23) 『東京朝日新聞』一九〇四（明治三七）年四月八日朝刊、二頁。

(24) 『東京朝日新聞』一九〇二（明治三五）年三月一三日朝刊、三頁、および『東京朝日新聞』一九〇三（明治三六）年六月一六日朝刊、二頁による。

(25) 『東京朝日新聞』一九〇五（明治三八）年一〇月一三日朝刊、四頁。

(26) 『東京朝日新聞』一九〇五（明治三八）年一二月二六日朝刊、七頁。

(27) 永井荷風『永井荷風全集第二〇巻　断腸亭日乗 2』岩波書店、一九六四（昭和三九）年、一七四―一七五頁。

(28) 楠元町子「万国博覧会の展示と世界観の形成――1904年セントルイス万博を中心に」『日本生涯教育学会論集28』二〇〇七年、一―一〇頁。

(29) MNHS Hub - Image Viewer（https://newspapers.mnhs.org/jsp/PsImageViewer.jsp?doc_id=5fd16f2b-4eb9-483a-a8f0-1d906ac8f098%2Fmnhi0031%2F1HMADF5A%2F04111301）より閲覧（2022.08.31）。

(30) 『東京朝日新聞』一九〇五（明治三八）年一一月一八日朝刊、六頁。

（31）『東京朝日新聞』一九〇八（明治四一）年一〇月八日朝刊、四頁。
（32）『東京朝日新聞』一九〇七（明治四〇）年三月二六日朝刊、六頁。

第二章　カフェーの登場と女性給仕たち

1　ゴシップ記事にみるカフェー黎明期

一九一一（明治四四）年、銀座には店名に「カフェー」という言葉を用いた飲食店が立て続けにオープンした。カフェー・プランタン、カフェー・ライオン、カフェー・パウリスタの三店舗である。三店のうち、カフェー・プランタンとカフェー・ライオンでは女性が給仕をしていたが、カフェー・パウリスタで給仕をしていたのは男性であった。女給という職業はカフェーとともに誕生したというのが定説であるが、この時代はまだ女給という言葉が定着していない。カフェーで働く女性たちは主に「女ボーイ」「女給仕」などと呼ばれていた。女給という言葉がカフェーの女性給仕という意味で定着したのは関東大震災後のことである。そこで本章では女給という言葉は使用せず、女性給仕という言葉を使用する。

カフェーの実態を確認するまえに、カフェーに関する史料の特徴について触れておきたい。カフェーという新業態が登場すると、そこで働く女性たちにも注目があつまった。新聞記事やエッセーなどには、カフェーの女性たちに関する記述が散見されるようになったが、それらは全て男性による記述である。明治後期には女性文筆家の活躍も注目されるようになっていたが、彼女たちとカフェーで働く女性たちとの間には階層的な開きが大きく、執筆の機会を手に入れた女性たちがカフェーの実相を知る機会はほとんど無かった。それに対して、知識階級の男性たちのなかには、客としてカフェーの内情に詳しくなるものがいた。銀座に誕生したカフェーの主な客層は、新聞社や雑誌社に出入りする知識階級の男性たちであった。[1] したがって、カフェー黎明期に関する同時代の史料は、男性文筆家たちによるエッセーや新聞雑誌記事が中心となる。その代表が、当時『東京朝日新聞』の記者だった松崎天民である。

銀座にカフェーが誕生した一九一一（明治四四）年当時、松崎天民はいまでいうフードジャーナリストのような立場で、新しくオープンした飲食店やバー、カフェーなどに自ら足を運び、飲食店に関する記事を書いていた。松崎の記事は、数年後に単行本として刊行されるケースが多い。そのひとつが、一九一三（大正二）年に創刊された『人生探訪』である。同書に収録されている銀座の飲食業に関連する記事は、『東京朝日新聞』に一九一一（明治四四）年八月二七日から九月六日にわたって六回連載された「カッフェ」、一九一一（明治四四）年九月一三日から九月二〇日にわたって五回連載された「バーとホール」、一九一三（大正二）年三月二五日から四月二五日にわたって二〇回連載された「銀座界隈」である。[2] 飲食店の評判は日々目まぐるしく変化するため、松崎の言説は初出の日付が重要になってくる。松崎が連載した「カッフェ」と「バーとホール」は、内容もさることながら、カフェー開業直後の証言である点が重要なのである。

さらに史料を読む際に気をつけておかなければいけないのは、社会風俗に関する言説は執筆者が同じでも時間とともに評価が変わるという点である。参考までに、松崎天民が一九二〇（大正九）年刊行の『女人崇拝』で述べた、カフェーの女性に関する発言を示しておく。これはカフェー誕生から一〇年後の言葉である。

日本最初のカフエー女と云つても宜いプランタンのお柳さんは、多病の身を色好みする男の前に委ねて、浮名を唄はれたのも束の間の夢と死んだ。喫茶店に居たお鈴さんは、方々流れ歩いた末に、後また喫茶店に舞戻つて、女給の監督をして笑つて居た。ライオンに居た女の上にも、法學士夫人となつたり、新聞記者の妻となつたり、某伯爵嗣子の妾になつたり、若い役者と浮名を謳はれた女が、數へ切れぬほど澤山ある。カフエーの女から、眞面目な人妻に――私はこれを明るい結末として喜ぶと共に、カフエーの女からお妾へ、私娼へ、女將へ――、私はこれを暗い結末として、悲しみ痛む者である。[3]

カフェーの誕生から一〇年が経過すると、その一〇年の間にカフェーで働いていた女性たちの人生にも様々なことが起こった。松崎は一〇年を振り返り、幸せに暮らしている女性もいれば、悲運に泣いた女性もいるということを思い返している。だがこの心境は、松崎も一〇年後でなければわからなかった。後に示す松崎が書いたカフェー開業当初の記事には、カフェーの女性たちは愛嬌をふりまくこともなく淡々と業務にあたっていたと記されている。松崎が彼女たちに女性としての興味を抱いていた様子も感じられない。開業当時のカフェー・プランタンでも、カフェー・ライオンでも、客に媚びた接客サービスは行われていなかった。それでも彼女たちのなかには、その後予期せぬ人生をたどることになるものが珍しくなかった。なぜなら、客が男性、給仕が女性という構図が持ち込まれながら、カフェーが広がっていったからである。

当時のカフェーや女性給仕に関する記事というのは、他愛のない面白おかしい読み物として書かれたものである。言うなれば、伝聞や噂話を含むゴシップ記事なのである。女性給仕に関する言説を集める作業というのは、これらの雑文のなかに埋まっている時代描写を拾い集めてつなぎ合わせる作業である。特に本章以降では、雑文の類からの引用が多くなる。面白おかしく書かれた記事はとても魅力的で、つい刺激的な内容に気をとられてしまう。彼女たちの置かれていた状況を忘れてしまうことのないように、当時のゴシップの上塗りにならないようにと、自戒を込めて史料の留意点について言及した。それでは、史料の読み解き方に気をつけながら、銀座におけるカフェーの誕生の経緯と、そこで働く女性たちの姿を確認することにしよう。

2　カフェー開業と女ボーイの活躍

同人サロンとして異彩を放ったカフェー・プランタン

一九一一（明治四四）年三月、日吉町にカフェー・プランタンが開業した。現在の銀座八丁目六番地、並木通り東側に面した場所である。カフェー・プランタンは文士や画家の同人サロンという性質の飲食店であった。パリに憧れていた画家の松山省三が平岡権八郎らとの共同出資で創業した。維持会メンバーには小説家、画家、俳優などが名を連ねた。カフェー・プランタンのあった場所の裏手には芸者置屋が軒を連ねており、常連客のなかには芸者もいた。店名の由来は開業時期が「春（フランス語で printemps）」だったからで、命名者は小山内薫である。[4] 給仕は女性によっておこなわれていたが、女性を売りにしていた店ではなかった。プランタンの魅力は店に集まる客層と、客たちが醸し出す尖端的な雰囲気であった。

創業者の松山省三が参考にしたのは、プランタン開業の一年前、一九一〇（明治四三）年に日本橋兜町にオープンした「メゾン鴻ノ巣」であった。メゾン鴻ノ巣に客として通っていた松山は、メゾン鴻ノ巣のような店を目指して、カフェー・プランタンをつくったのである。松山が魅せられたメゾン鴻ノ巣は、まさに同人サロンであった。少し横道にそれるが、プランタンの役割を理解するために、メゾン鴻ノ巣について確認しておこう。

松崎天民は一九一一（明治四四）年九月二〇日の『東京朝日新聞』で、「バーとホール（五）謎蔵子迂呑巣の記」という記事を書いている。タイトルにある「謎蔵子迂呑巣」には「メイゾンコウノス」とルビがふられており、店名に面白おかしく当て字をつけたことがわかる。同記事によると、メゾン鴻ノ巣のオーナー奥田駒蔵は、世界を周って料理とバーの研究をした人物であった。本場仕込みの西洋料理を提供し、本格的な洋酒も多種取り揃え、カクテルなども出していた。昼は兜町付近という立地から相場関係者が利用するが、夕暮れ時になると若い文士のたまり場となっていた。この記事に名前が挙がっていた人物を列挙すると、正親町公和、武者小路実篤、里見弴、萱野二十一、志賀直哉、高村光太郎、木下杢太郎、平出露花、吉井勇、永井荷風、生田葵山、小山内薫、市川猿之助、上田敏、島村抱月など、そうそうたる顔ぶれである。森鷗外が誰かに案内されて来たという伝聞も記されている。そしてついには「サーターデーナイト」という名の会食会が組織され、土曜の夜になるといそいそと文士たちが集うようになった。「サーターデーナイト」に関する記述は次のとおりである。

遂に土曜日《サーターデーナイト》の夜と云ふ會食會を組織して、毎土曜日は午後六時より十一時まで、何人でも會費一圓で、約十品の特別料理を出すと云ふ、文壇の一部でも、コオノスのサーターデー、ナイトと云へば、自分等の會合日でも有るかの様に心得て、期せずして各方面から集合するとか、文藝委員會からの歸途、上田敏博士も立寄つた事があれば、森鷗外先生なども、誰かに案内されて來られたとか、畫が相場師で夜は文學者、如何にも面白い對照《コントラスト》である。(5)

この記事から「サーターデーナイト」の誕生により、土曜の夜が会員制サロンと化していた様子がうかがえる。松山省三たちはメゾン鴻ノ巣に大いに刺激され、翌年銀座にカフェー・プランタンを開業したのであった。実際に、カフェー・プランタンの維持会のメンバーには、メゾン鴻ノ巣の常連たちの名前が多い。(6) 松崎は、前掲の新聞記事を「日本の文學者も仕合せなり、貨幣不足黨《カフェープランタン》と迷蔵子迂呑巣《メイゾンコウノス》の二つを持つて居れば、當分飲み食ひには困らない、酌する女の顔なんかは、問題外にして然るべし」と締めくくっている。メゾン鴻ノ巣同様、仲間たちのサロンという機能がカフェー・プランタンの魅力であって、女性目当てに通う場所ではなかったのである。

開業当初のカフェー・プランタンに関する最も信頼できる史料は、経営者である松山省三本人による雑誌記事「プランタン今昔」である。この記事は『文藝春秋』一九二八（昭和三）年九月号に掲載されている。書かれた時期は開業からだいぶ後になるが、開業当初の様子から一九二八年当時までの変遷が経営者の視点で記されている。(7) 松山がオーナーとしてカフェー・プランタンの運営にどのようなこだわりをもっていたのか、さっそく記事を確認してみることにしよう。松山は給仕係を募集した時の苦労について、次のように述べている。

第一、カフヱーが世間に通用しなかつた、洋風料理と看板にあつても、何を商ふ店かわからぬ人が多かつたらしい。給仕人が入用なので時事新報に、女ボーイ募集の廣告を出したら、おつ母さんや兄さんに連れられて希望者が四五人來たが、茶や御料理のサービースをするのだと聞いて吃驚りして歸つて行つた、片假名の店名で何か貿易商のオフイスとでも思つたと見える。(8)

カフェー・プランタン開業当時はまだ女給という言葉はなく、女ボーイという言葉が使用されていた。会社内での応接業務なら良いが、飲食店での給仕と聞くと帰ってしまうということから、当時の飲食店の給仕に対する評価がわかる。松山が同記事で給仕について言及しているのは、募集をするときの難しさについてだけであり、接客方法については特にこだわりはなかったようだ。

松山の思い出に残っている開業当初のエピソードは、メニューのこと、客のこと、内装のこと、そして周囲からの評判についてである。フランスのカフェーに憧れながらも渡仏経験のない松山は、洋行帰りの仲間から熱心に話を聞き、店で提供する洋酒や食事について学んでいった。薬草系リキュールのシャルトリューズがもともとは修道院でつくられていたこと、ブランデーのなかでもコニャック地方でつくられたものだけをコニャックと呼ぶこと、酒の比重の違いを利用すれば五色のカクテルをつくることができることなどお酒の知識を獲得した努力についても書かれている。また、食事についてのこだわりにも言及している。フランス料理を出す店との差別化のため、イタリアの食材であるマカロニを使った料理を出したことや、欧州から帰国した客の話を参考にホットサンドをメニューに取り入れたことが書かれている。マカロニ料理もホットサンドもプランタンの名物料理となったメニューである。客が壁に絵や文字を書くようになったのも、ヨーロッパのカフェーの絵葉書からの着想だったようだ。

努力の甲斐あって、プランタンは若い文士や画家のたまり場となった。特に二階は常連しか入れなかったために、サロン的な雰囲気が強かった。客の多くは若い男性であるが、なかには女流作家や女優や芸者など女性陣もいた。開業当初は不良の巣窟のように見られたこともあったようである。

開業当初からの常連客である松崎天民は、一九一二（大正元）年三月一日発行『中央公論』で発表した「淪落の女（二）捨ばち」でプランタンについて言及している。開業から約一年後の証言として、内容を確認してみよう。

カフエー、プランタンは、主人の松山省三君が、洋畫家である縁故も有るでせうが、こゝに集る人々は、若い文學者や若い畫家、若い歌人、若い俳優、若い新聞記者などが多い。唯、プランタン其のものゝ空氣が、何となく華麗《はなやか》で無いために、近頃は『趣味』の人々も、自然に疎遠になつて居る様ですが、夫れでも時々、彼所《あすこ》で、足下に逢つたり、徳田秋聲君や生田葵山君の顔を見、知合の新聞記者と會見する事を、私は快樂《たのしみ》の一つにして居る。(9)

オープン景気が去って、店の性格がはっきりしてきた時期なのであろう。雰囲気はおとなしくなったものの、相変わらず同人サロンとしての魅力を維持していたことがわかる。松崎は続けて、プランタンの給仕係について次のように述べている。

顔にほくろの有るお柳と云ふ女、愛國婦人會員然たるお梅と云ふ女、二人とも男を引付ける愛嬌は無い。無口で、無愛相で、言ひ付けられた用事しか仕ない所が、反つて面白いでは有りませんか。若い色氣のある女は、カフエー、ライオンにも居る、ウーロン、チーにも居る、淺草のよか樓にも居る。種々の料理店《レストラン》が、料理以外に、別に、若い美しい女を看板にして、客を引かうとして居る中に、單りカフエー、プランタンが各階級のメンバーと、飲食を主とする人々にのみ依つて、激しい生存競争の中に立つて行かうとして居るのを、私は風變りで宜いと思つて居る。(10)

文中にある「お柳」のイラストが『東京朝日新聞』一九一一（明治四四）年九月五日の「カッフェー（五）酒の香と文藝趣味」の挿絵として描かれている（図2－1）。お柳さんが伝票を起こしている後ろには「マコトニ濟ミマセンガ間違マスト困リマスカラ以來現金ヲ願ヒマス」という張り紙がある。手形も売掛も扱わないという意味であろう。

松崎にとって、カフェー・プランタンの魅力は、知り合いに会えることと食事であって、女性を目当てに通っているわけではなかった。ところが次第にカフェーが世の中に浸透し、ある程度時間が経過すると、松崎のなかで彼女たちへの評価が変化していく。一九二七（昭和二）年に書かれた文章で、松崎がプランタンの女性給仕をどのように回想しているのかを確認してみよう。なお引用文中の傍線は筆者による。

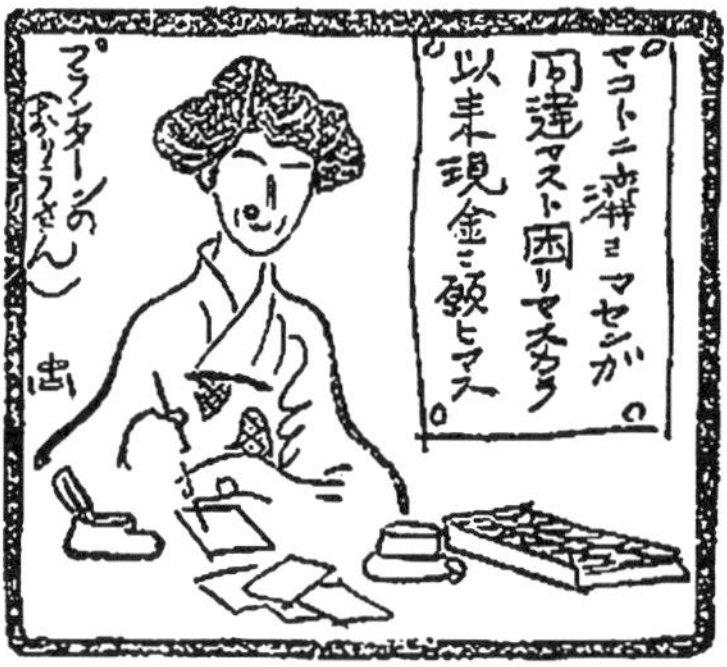
図２－１　カフェー・プランタンのお柳さん（『東京朝日新聞』1911年９月５日朝刊，７頁より）

このプランタンは、洋畫家の松山省三君が經營で、料理はマカロニを特色とし、落着いた感じの好い新時代味を見せて居た。お柳と云ふ二十四五と、お鶴と云ふ十七八を女給としたが、二人とも美人で無いにしても、何處かに楚々たる風姿を見せて居た。カフエーと名の附いた家の女給としては、東京最初のカフエー女として、この二人を忘れることは出來ない。この二人の女の間には、色香の渦巻があつたり、様々の流轉を見せたりした。（中略）お柳は通信社のXといふ人と關係し、病氣で窮死したさうだし、お鶴も萬安や天下茶屋の女中に轉々した後、不如意な中に若うして死んださうである。(11)

松崎の女性給仕に関する言説をみてわかるとおり、カフェーの女性たちに対する批評、感想、記憶というものは、移ろいやすい。松崎のどこか達観したような筆致も印象的である。松崎はこの記事を書いた一九二七（昭和二）年に四九歳になっていた。カフェーで働く女性たちをどのように評価するかは、執筆者の年齢も無関係ではない。松崎自身もプランタン開業当時のことを「私もまだ三十二と云ふ若い遊び盛りの時分であつた」[12]と振り返っている。カフェー・プランタンの魅力は若い文士や画家が集まるサロン的な雰囲気であり、女性を売りに客を集めていたわけではなかった。それにも関わらず、プランタンの女性たちのなかには、客と恋愛関係になった者がいたのである。

エプロン女性給仕で大盛況のカフェー・ライオン

カフェー・ライオンは、一九一一（明治四四）年の八月一〇日に尾張町交差点の角にオープンした三階建ての飲食店であった[13]。一階がバー、二階がレストランと余興室、三階が特別室という構成で、築地精養軒による経営であった。開店の前日に『東京朝日新聞』に掲載された広告には、「純粋欧米式カフェー」と書かれている[14]。エプロン姿の女性給仕を置いていたが、二階にレストランがあったことや、交差点を走る路面電車の乗降場の近くという立地から、昼間の客層は男性に限らず、女性客や家族連れなど多様であった。

カフェー・ライオンについても、松崎の言説を確認してみたい。松崎が一九一一（明治四四）年八月の『東京朝日新聞』に「カツフェー」という記事を連載したことは既に述べた。その連載の一回目「銀座街頭の獅子吼」[15]、二回目「西洋人の苦い顔」[16]、三回目「日本三灰殻の二人」[17]は三つともカフェー・ライオンに関する記事である。カフェー・ライオンの開業が八月一〇日であるから、松崎は開業直後に店の様子を偵察して記事にしたことがわかる。

これらの記事によると、松崎が入店したのは午後二時頃のひまな時間帯であった。女性給仕たちの服装は「藍色友仙はモスの單衣に、同じモスの赤い帯を締めて、白いエプロンをかけた」[18]というものだった。連載二回目の記事には、挿絵として女性給仕がビールのジョッキを運んでいる様子が描かれているが、その絵を見るとエプロンには大きなポケットがつき、裾にはフリルがついている（図2－2）。彼女たちの接客は、松崎の目には愛想のない澄ました態度にうつったようである。松崎は自分が店に入ったときの様子を「少女が二三人、入つしやいとも何とも云はずに澄したもの」[19]と書いている。また、家族連れを接客した給仕については「神色自若として、愛嬌を忘れて生れたらしいエプロンの少女一人、マガレットの頭を斜にして、黙つて立つて「お誂へは」の身構へする」[20]とだいぶ辛辣な評価である。松崎が訪れたのは開業直後だったので、若い彼女たちもまだ仕事に慣れず緊張していたのかもしれない。

カフェー・ライオンの経営母体は飲食店の経営ノウハウを持っている築地精養軒であったため、食事もバーも評判が良かった。また毎年冬になるとクリスマス装飾をし[21]、夏になると納涼イベントと称して給仕に仮装をさせたるなど[22]、季節に合わせた企画を考えながら営業努力も惜しまなかった。尾張町の交差点角という立地の良さも手伝ってカフェー・ライオンはあっという間に銀座の人気店となった。開業直後には辛口評価だった松崎も一年後にはすっかりカフェー・ライオンを気に入ったようだ。松崎が一九一二（大正元）六月一日の『中央公論』に掲載した「淪落の女（三）お小夜」の一部に、カフェー・ライオンに言及している箇所がある。それを読むと松崎がライオン贔屓になっていたことがわかる。

夜、カフエー、ライオンのバーにて、強くして甘き酒を飲む。夜の歡樂郷は銀座なり、銀座の歡樂郷はライオンなり。諸種《もろ〳〵》の刺戟に生きんとする人々、來り群いて當代の風を展開す。西洋人あり、代議士あり、式部官あり、伯爵あり、畵家あり、俳優あり、會社員あり、官吏あり、教育者あり、番頭あり。強き酒と、人間の言語と、瓦斯の光と、雷車の響と、相觸れ相接して、こゝに「夜の歡樂の都會」をなす。(23)

図2-2　カフェーライオンで働く女性（『東京朝日新聞』1911年8月28日朝刊より）

カフェー・ライオンの常連になっていたのは、松崎のような新聞記者ばかりではない。夜には多くの著名人、知識人が集っていたことが記されている。カフェー・ライオンは開業一年足らずですっかり銀座の人気店の地位を手に入れた。

ライオンに関しては、一九一三（大正二）年の面白い記事がある。「変装記者」という肩書で潜入ルポを書く知久泰盛の記事「カフエーライオンの給仕《ボーイ》となる記」(24)である。知久は一九一三（大正二）年のある秋の日、カフェー・ライオンのボーイとして採用された。記事を書くことが目的の潜入なので、聞き取り調査を含めて、店内の様子を細かく報告している。知久の潜入取材は一晩かぎりで最後には自分が記者であるということを明かして相手の反応を見る。知久によると、客を席に案内するのはベテランの「男性ボーイ」である。

知久がその日に遭遇した客のなかには、毎晩来るという三人の外国人がいた。この三人組の応対をしていたのは給仕長の渡邊とみ子という女性であった。渡邊とみ子は「郵船會社汽船のスチユワードをしたり、帝國ホテルにも永らく勤めてゐた」[25]人物で、流暢な英語を話したようである。女性給仕たちについては、次のように記されている。

そして幾十となく配置された卓子の間を縫ふて女給仕《ウエーター》がいろ〳〵の美酒《うまざけ》を盛つた盃《カップ》を捧げて彼方此方する。女給仕《ウエーター》はどれもこれも眉目美くしく紅顔皓歯の優少女《やさをとめ》、給仕長《ヘッドウエトレス》が年長《としかさ》の二十七歳を除く外は何れも十五六から十七八歳止りの少女子《をとめご》で此等の若い美くしい人達の忙だしく行交ふさまは彩鳥嬌花といふ形容が恰度似つかはしい。[26]

ライオンの女性給仕たちの勤務時間は、早番が午前七時から午後九時まで、遅番が午前一一時から夜一二時まで、遅番の場合は午後二時から四時まで交代で休憩をとるという。早番が夜九時に一斉に帰る様子が記されていることから、当時のライオンの女性給仕たちは住み込みではなかったようだ。出勤簿に時間を記入して支配人の印鑑をもらうことで、女性給仕たちの勤務を管理した。

当時の銀座のカフェーの接客は、「給仕」の職務を超えたものではなく、客に媚びるような接客が横行していたわけではなかった。それでも客と恋愛関係になる給仕たちも珍しくなかったようである。

図2-3　カフェー・ライオンの女性給仕の写真。(『婦女界』1913(大正2)年1月増刊号より)

歌川凌のエッセー「天鵞絨《びろーど》の帽子」[27]には、カフェー・ライオンの女性給仕と客との関係を歌川が観察していたことが記されている。歌川が恋愛関係にあるとにらんだ客と女性給仕は、店内ではほとんど会話をしていない。第三者を介してこっそり手紙を渡したり、店のテラスで客を静かに見送る女性の姿が書かれていることから、店内では客と親しくなる雰囲気が許容されていたわけではなかったようだ。

3　大正中期の銀座の飲食業

「銀ブラ」という新語の登場

カフェーの女性たちのなかに客と恋愛関係になるものが現れるようになった背景は、客の来店頻度の高さがある。カフェー・プランタンやカフェー・ライオンの記事などからわかるように、カフェーという飲食業態は、客がほぼ毎日のように通い、店のなかで知り合いに遭遇し、会話を楽しむオープンな雰囲気が魅力であった。コーヒーやビール一杯で利用できる気安さもあり、客と女性給仕は顔なじみになった。

彼らのように特別な目的無しに銀座に出向くことを「銀ブラ」と言うようになったのは大正期のことである。一九一九（大正八）年刊行の服部嘉香・植原路郎編『訂正増補　新らしい言葉の字引』には「銀ブラ」という言葉が掲載され、「銀座の街をぶらつく事」と記されている。[28]「銀ブラ」の語源には諸説あるが、慶應義塾大学の学生たちの間で使われた言葉が広まったという説が有力である。[29]三田と銀座は距離的にも近いため、慶應義塾大学の学生のなかには銀座に出る者は少なくなかった。学生の立場では、女性給仕がいるカフェーよりも、いわゆる喫茶店業態のカフェー・パウリスタで仲間の会話を楽しんだり、資生堂のソーダファウンテンに立ち寄ったりすることも、銀ブラの楽しみだった。銀座にカフェーが登場した頃にちょうど慶應義塾大学の学生だった南部修太郎は、一九二二（大正一〇）年刊行の資生堂編『銀座』に寄せた「銀座と私」のなかで次のように述べている。

私が銀座に親しみを持ち始めたのは、十年前――丁度私が三田の文科へ這入りたての二十一二の頃だつた。（中略）その頃カフエに集まる人と云つたら大概髪の毛を長くした文學者や文學青年や畫家や、青いトルコ帽を被つたりした新劇の俳優達などで、來る人も少く、部屋も靜かで氣持が好かつた。そして、この頃のやうに、長つちりのお客と見るとウエイトレスが厭やな顔をしたり、自動ピアノががむしやらに鳴つたり、安會社員や無作法な學生達ががやがや騒ぎ立てたりするやうな、がさつな不快さは少くとも無かつた。で、幾時間も文學談を交へたり、靜に本を讀んだり、ゆつくり外景を見降して樂むやうな好もしい雰圍氣がその頃のカフエには確にあつた。[30]

銀座にカフェーが登場してからの一〇年間で、音楽などの店の演出、ウエイトレスの応対、客層が変わっていったことを南部は指摘している。カフェーが登場したての頃は静かな同人のたまり場だったが、少しずつ騒がしい遊び場へと変貌していったのである。

この銀座の遊び場化については、松崎天民も資生堂編『銀座』に寄稿した「銀座覚え帳」のなかで指摘している。

時の流れと共に、「銀座」が次第に遊樂郷化して來たことも、甚しい事實であつた。民衆的の看物場としては、僅に活動寫眞の金春館と、寄席の金澤亭を有つて居るだけであつても、銀座そのもの、町の姿が、何となく遊覧氣分になつたことは、夜の情調でも判るのであつた。小料理屋や、カフェーや、バーや、ホールや、さうした飲食本位の店々が、この數年來、驚くほど數を増して、然も收支が償つて餘あるほどの利益を得て居るのに見ても、銀座の遊樂化は、證據立られるのであつた。(31)

松崎は、銀座に飲食店が増えたことを挙げ、銀座が遊楽郷化したと述べている。しかもそれらの飲食店がカフェーやバー、ホールなど酒を提供する夜型飲食店であることが銀座の雰囲気を変えたのであろう。

また松崎は、銀座の夜の魅力として、通りに並ぶ露店についても言及している。

夜の銀座の魅惑の中で、逸してならぬ強い力があるのは、東側の人道に出る露店であらう。夜の銀座の景観の主要な一つとして、何人も露店の存在を、閑却することは出來ないのである。私は其の夜店に依つて、何時でも季節の移り遷りを知るのであつた[32]

大正期の夜の銀座には、夜の街歩きを楽しくさせる要素が詰まっていた。路面電車が走る交通の便の良さ、カフェーに代表される話題の飲食店、街路を照らすガス燈、通り沿いに並ぶ露店、近代味を帯びた街並み、ぶらぶらと「銀ブラ」をしたくなる街の様子が目に浮かんでくる。

南部や松崎が指摘するように、大正期には銀座が遊び場に変化しつつあったことは確かだろう。それでも銀座は関東大震災前の時点では、まだ新聞街、舶来品専門店街、置屋街という雰囲気が色濃かった。一九二一（大正一〇）年八月末現在の銀座通りをスケッチした「銀座街大観[33]」によると、銀座通り沿いにはカフェー・ライオンや新橋ビーヤホールなどの大きな飲食店が目立っているものの、数的にはそれほど多くはなかったことが確認できる。調査の解説にも「可成あるやうでも少いのがカフヱーとビヤーホールの八つ[34]」と記されている。それよりも、時計店などの舶来品を扱う物販店のほうが多く、大正期の銀座の商業特性は、やはり物販の専門店が中心だったのである。

インテリ層が支えた銀座の外食産業

関東大震災が起きるまでは、東京における「歓楽」の中心は銀座ではなく浅草であった。浅草には活動写真館がひしめく六区があり、寄席があり、十二階と呼ばれる展望タワー「凌雲閣」があり、そ

氷水店	飲食店	藝妓屋	芝居茶屋	新聞雑誌小説類縦覧所	その他	合計	藝妓	娼妓
111	173	25	—	—	—	402	182	—
590	702	25	4	62	—	1,452	66	—
352	577	393	5	1	—	1,811	1,098	—
259	670	363	3	18	—	1,627	885	—
657	861	141	—	14	1	1,951	393	—
247	401	11	—	13	—	712	20	—
138	258	80	—	12	—	599	321	—
27	143	46	—	2	—	287	176	—
359	424	91	—	12	—	981	354	—
600	668	22	—	20	—	1,360	80	—
292	584	101	—	66	—	1,112	246	—
567	960	83	4	6	—	1,720	117	—
877	1,189	285	1	351	—	3,652	596	2,580
521	1,149	48	1	—	1	1,811	107	—
278	736	62	1	—	—	1,291	134	1,793
5,875	9,495	1,776	19	577	2	20,768	4,775	4,373

して十二階下と呼ばれる私娼窟があった。女性を目当てに遊びに行く歓楽街として一般に認識されていたのは浅草であった。

大正期における東京市内の盛り場を比較する史料としては、山口孤剣が雑誌『新日本』に掲載した連載記事が参考になる。(35) この連載は、東京市内の一五の区についてそれぞれ詳しく解説し、その地域の歴史や風俗について紹介するものであった。この連載をまとめて単行本にしたのが一九一八(大正七)年刊行の『東都新繁昌記』である。(36)

山口は銀座のある京橋区については「高襟《はいから》の京橋」というタイトルをつけ、「京橋は新聞屋を以て象徴せずんば、藝者を以て其の記號とすべきである」(37) と述べている。「はいから」「新聞」「芸者」が銀座を含む京橋区の記号であった。

一方、山口は浅草については「女の浅

表2-1　東京市における飲食業態別の営業所数（1913（大正2）年12月末現在）

	貸座敷	引手茶屋	待合茶屋	遊船宿	貸席	料理店	銘酒屋	喫茶店
麹町	—	—	63	—	5	14	7	4
神田	—	—	16	—	14	37	2	—
日本橋	—	—	308	2	12	92	69	—
京橋	—	—	216	7	16	73	1	1
芝	—	—	122	—	2	84	62	7
麻布	—	—	10	—	—	30	—	—
赤坂	—	—	77	—	4	30	—	—
四谷	—	—	41	—	1	27	—	—
牛込	—	—	66	1	6	22	—	—
小石川	—	—	24	—	1	25	—	—
本郷	—	—	42	—	9	12	2	4
下谷	—	—	34	—	22	21	7	16
浅草	171	45	125	—	13	36	555	4
本所	—	—	40	—	11	21	13	6
深川	146	38	9	—	1	16	—	4
合計	317	83	1,193	10	117	540	718	46

草」というタイトルをつけている。[38] そのほか文中では「白首の淺草」[39] という表現も用いられている。「白首」とは私娼を指す隠語である。これらの表現から、当時の浅草区の記号が「女」であったことがわかる。浅草区には吉原に加えて、私娼を斡旋する温床となっていた銘酒屋が集中していた。大正期における東京市内の飲食業態別の営業所数を確認すると、歓楽街としては浅草区が圧倒的地位にあったことがわかる。

銀座と浅草の盛り場としての特徴の違いを、当時の飲食業態数で比較してみたい。東京市編『東京市統計年表 第十二回』によると（表2-1）、一九一三（大正二）年末時点において、京橋区の飲食店数が六七〇店であるのに対して、浅草区の飲食店数は一、一八九店であり浅草区のほうが圧倒的に多い。その他にも、京橋区よりも飲食店数が多い区は、神田区（七〇二店）、上野を含む下谷区（九六〇店）、両国や錦糸町を含む本所区（一一四九店）、現在の森下や門前仲町を含む深川区（七三六店）である。銀座は西洋文化をいち早く取り入れたハイカラな飲食店が注目を集めていたものの飲食店数でみると、他の地域に比べてそれほど多くはなかった。

業態別に浅草区の特徴を確認すると、私娼斡旋の温床となっていた「銘酒屋」と呼ばれる業態においては、浅草区が五五五店と他区を大きく引き離している。「新聞雑誌小説類縦覧所」という業態も浅草区が三五一店と圧倒的に多い。この業態は神田区などの学生街ではミルクホールとも呼ばれて喫茶店と同じ用途で使用されていたが、浅草区などでは私娼斡旋の場となっていた店が多かった。浅草区の銘酒屋と新聞雑誌小説類縦覧所の数は、浅草に私娼窟があったことを示している。

一方で、大正初期の京橋区の特徴は待合茶屋や料理店の数が表している。一九一三（大正二）年末時点の「待合茶屋」の数を確認すると、日本橋区の三〇八店が最も多く、次いで京橋区の二一六店となっている。それに対して浅草区は一二五店であることから、同業態においては京橋区のほうが活況であったことがわかる。同じく芸妓たちの活躍の場であった「料理店」の数を比較すると、地域特性がさらによくわかる。当時「料理店」と称されていたのは座敷式の高級日本料理店のことである。料理店数は、日本橋区の九二店、芝区の八四店に続いて、京橋区は七三店である。料理店数においてはこの三区が圧倒的に多く、日本橋区、京橋区、芝区一帯に高級飲食業態が集中していたエリアであったことがわかる。

ところで、南部も松崎も一〇年間で銀座が歓楽郷化したと指摘していたが、統計面にその変化は表れているのだろうか。一九二二（大正一一）年一二月末時点の業態別店舗数を『東京市統計年表　第二〇回』で確認すると、飲食店数は、浅草区が一、三七九店、本所区が一、二三二店で、やはり下町エリアが多い[40]。それに対して、京橋区の飲食店数は六七一店で、一九一三（大正二）年時点とほとんど変化していない。南部や松崎の言う銀座の歓楽郷化は、表通りに飲食店が進出して街の風景が変化したということを指すのだろう。銀座が一目置かれていたのは、西洋建築とガス燈と路面電車というインフラが整備された都市空間であったこと、舶来品専門店が並ぶ尖端的な街であったこと、新聞街であることを背景にインテリ層が集まる街であったこと、新橋芸者が他の花街以上に発展し一流芸者の地位を確立していたことにあった。街の風景、配置されていた商業の質、客層、その土地の花街の等級、銀座には「一流」かつ「最先端」であることを納得させる条件が揃っていたのである。

では、インテリが闊歩する銀座のカフェーの女性給仕たちは、世間からどのように見られていたのだろうか。彼女たちは銀座という土地柄に守られていたであろうか。つづいて、カフェー黎明期における女性給仕へのまなざしを確認してみることにしよう。

4　カフェーの女性給仕へのまなざし

カフェーに通う銀ブラ連中の属性はハイカラを好む一部のインテリ男性に限られていた。彼らのまなざしをもって、世間一般のまなざしと言うことはできないだろう。また、カフェーが登場した直後と、カフェーが認知されるようになった一九二〇年頃でも評価が異なっている。カフェー誕生からの約一〇年間は、彼女たちへの評価が定まっていない時期なのである。そこでここでは複数の立場からカフェーの女性給仕に対する評価を確認していきたい。

カフェー誕生直後の評価

はじめに、カフェー誕生直後に女性給仕たちの仕事がどのように評価されていたのかを確認してみたい。これまでもカフェー・プランタンやカフェー・ライオンの女性たちに関する言説を取り上げてきたが、共通していることは、彼女たちが決して客に媚びるような接客はしていなかったという点である。ここで改めて、銀座にカフェーが登場して間もない頃に書かれた新聞記事を確認してみよう。

女性給仕に対する評価が新聞雑誌などで頻繁に取り上げられるようになるのは、カフェー業態が認知されはじめた大正中期以降である。その頃の議論と比較するために、まずはカフェーが登場して間もない頃の証言として一九一三(大正二)年一一月三〇日の『讀賣新聞』に掲載された「エプロンの誇」[41]という記事に着目したい。タイトルからもわかるようにこの記事ではカフェーの給仕という仕事が好意的に書かれており、「女の職業《ジョッブ》としては良い部類とでも申すべきか」[42]と記されている。女性給仕のいるカフェーとしては「カフェー・プランタン」「カフェー・ライオン」「カフェー・ヤトナ」「ペコーコッテージ」という銀座の店が挙げられているが、まだカフェーそのものが珍しかった時期である。職種の名称として「女給仕人」「給仕女」「ウヱーターレッス」という言葉が用いられている。

記事によると、彼女たちの多くは小学校卒業程度の学歴で、生活に余裕のある者はなく、給料は固定給＋チップであった。彼女たちの行動は店の責任者が厳しく管理していたので「比較的非難の的が少ない」とある。カフェー・プランタンについては、当時は通勤の給仕をおかないことになっていて、全員が住込みだったようだ。通いの場合の勤務時間は朝九時から終電までが一般的だったようである。

彼女たちの求人方法は新聞広告と紹介によるものであった。記者は木挽町や尾張町の職業斡旋業「口入屋」を取材し、カフェーの給仕の世話したことはないという回答を得ている。決して裕福な家庭で育った女性の仕事ではないけれど、比較的待遇も良く、悪い仕事ではないというのが記者の評価である。既出の知久によるカフェー・ライオン潜入ルポも、この新聞記事が掲載された時期と同じ一九一三（大正二）年一一月であった。知久の報告でも給仕たちが若くて美しいという指摘があるものの、蔑むような言葉は使われていなかった。

「職業婦人?」中産階級の女性たち

「銀ブラ」という言葉が誕生した大正期は、中産階級の増大とともに「職業婦人」という言葉が注目され始めた時期でもあった。はたして当時頻繁に議論されていた「職業婦人」の範疇にカフェーの女性給仕という職業は含まれていたのだろうか。大正期の女性雑誌では職業婦人に関する特集がたびたび組まれている。当時の婦人雑誌では、カフェーの給仕という仕事をどのように扱っていたのだろうか。

『婦人之友』一九一三（大正二）年一一月号の記事「新しく出來た婦人の職業」でとりあげられている職業は、タイピスト、婦人速記者、婦人歯科医、女子薬剤師、女子事務員及び簿記係、電話交換手、女子電信係、為替貯金局の判任官、小学校教員及び音楽教師、女医である。『婦人之友』という雑誌は、中産階級のなかでも知識階級の妻を主な読者層としていた。そのため、紹介されている職業は一定の教育水準以上の女性たちが就く職業ばかりである。一九一三（大正二）年当時では、まだカフェーの給仕が認知されていなかったことも考えられるが、直接客に応対する職業はひとつも取り上げられていないことから、知識階級向けの雑誌では接客業そのものが紹介する対象から外れていたと考えられる。

比較的大衆向けの女性雑誌『主婦之友』では、一九一八（大正七）年三月号で「婦人職業案内」という記事が掲載されている。この記事で取り上げられている職業は、女医、歯科医、産婆、薬剤師、逓信局の通信員、鉄道院の事務員、逓信事務員、電話交換手、タイピスト、婦人記者、速記者、女髪結、女料理人、銀行会社事務員、女店員、仕立屋、画家、看護婦、中等学校教員、小学校教員、幼稚園の保母、自動車運転手、モデル、製糸教婦、印刷局女工、専売局女工、砲兵工廠女工である。接客業としては「女店員」、飲食業の仕事としては「女料理人」、学歴がなくても就ける職業としては「女工」が取り上げられているにもかかわらず、カフェーの給仕に該当する仕事は紹介されていない。

参考までに、大正中期は職業紹介という点からみてもカフェーの給仕という仕事は扱われていない。一九一九（大正八）年の東京市職業紹介所の女性への紹介実績は、紹介者数一六三件のうち女中が一二六件で全体の約七七％を占めており、次いで職工一八件、事務員四件、子守四件となっている。[43] カフェーの給仕の紹介は公的な施設では行われていなかったことがわかる。ところが実際の数字をみると、警視庁の統計では一九二〇（大正九）年末の東京市部の飲食店数は八、四六八店存在し、そこで働いている女性の総数は二万一、七七〇人と記録されている。[44] 実際には飲食店が多くの女性の雇用の受け皿となっていたのである。

これらのことから、大正中期においては、カフェーの給仕以前の問題として、飲食店における給仕の仕事が「職業婦人」という範疇で扱われていなかったことがわかる。

「近代性と女性性を兼備」カフェーの常連・松崎天民

カフェーの常連は女性給仕たちの仕事ぶりを見ていた証言者である。そのなかでもカフェーウォッチャーの筆頭に挙げられる松崎天民は、女性の職業として給仕をどのようにみていたのだろうか。ここでは松崎の論考のなかから、カフェーの給仕に関する一九一五（大正四）年の言説と一九二〇（大正九）年の言説をとりあげ、五年間でカフェーの女性給仕に対する評価が微妙に変化していることを確認したい。

はじめに、カフェーが登場して間もない頃の評価として、松崎が一九一五（大正四）年に刊行した『恋と名と金と』での発言を確認したい。同書のなかで松崎は、カフェーでの給仕を女性の新しい仕事であるとして、「「カフエーの女」は、新東京に無くてならぬ景物の一つであると共に、婦人問題の一つに加ふべき新階級である(45)」と述べている。また、客と恋愛関係になるものがいることについても理解を示し、「若い美しい女だもの、戀物語の一節や二節は、その過ぎ來し方のページにあらう。カフエーの女にならない前からも、エプロンを胸に當るやうになつてからも、若い女は、若い男の仲間の問題になつたであらう(46)」と、述べている。

松崎は、若い女性であればカフェーで働いているか否かに拘らず、恋愛問題はついてまわるものだと考えていた。彼女たちの接客態度については、真面目で道徳的であると見ていたようである。松崎は「貞操を賣物にすることを、表看板にして居る様な女は、未だ一人も見えない[47]」、むしろ男性に不慣れであるとして、「握手されるさへ、罪深いことの様に思つて、顔紅らめる[48]」と述べている。カフェー黎明期においては、女性給仕たちの仕事は、決して蔑みの対象ではなかったことが、松崎の発言からもわかるだろう。

つづいて、一九二〇（大正九）年時点の松崎の評価を確認しよう。松崎は前掲『女人崇拝』のなかで、女性の職業全般について考察している。松崎は同書の巻頭言で「階級の差別、身分の高下、職業の異同を問はず、女は愛すると共に、敬ふべきものである」と述べている。松崎はあらゆる階層の女性たちに同情的で寄り添う視線を持っていたが、それには松崎自身が高等教育を受けずに、新聞社の小僧から下積みを経て記者になったということが関係しているのではないだろうか。松崎は「カフェーの女」という職業について、次のように述べている。

今日では、カフエーからカフエーを流れ歩くやうな女もあるが、その多くは「カフエーの女」を一時の方便として、娘時代の或る一時期に、生活を托するといふだけの事である。その僅な短い時間だけでも、「カフエーの女」にならねばならぬ女の上に、私は「生活の不如意」と云ふ、痛ましい月日の流れを見た。[49]

松崎がカフェーの女性たちに対して「痛ましい」という言葉を用いるようになったことに注目した

い。松崎は、五年前には彼女たちの恋愛にも理解を示していたが、その後、男性に翻弄された女性給仕の事例をいくつも目の当たりにして、カフェーで働くことへの評価が変化し始めている。またカフェーが流行っている原因についても、そこで働く女性たちの魅力が客を引きつけるからであるとして、次のように述べている。

今のカフエーが、こんなに榮えて居る當面の原因と理由とは、若い美しい女が給仕するからである。在來の料理屋の女中よりも、近代味の勝つた表情なり服装なりをして居る上に、中には女學校を出た者もあれば、相當の話術を心得て居る女もある。殊に若くて美しくて、何處となく蠣殻町、濱町、鶴巻町邊に居た賣春婦と、共通したエキスプレッシヨンがある點に、多くの若い男達は、疑似性慾的の實感を唆られて、カフエーへカフエーへと、今や一代の風を釀して居るのである。(50)

女性給仕たちが媚びた接客をしているという指摘はないものの、彼女たちが放つ「近代性」と「女性性」が若い男性客を引きつけているという指摘である。客たちはカフェーの女性たちとの疑似恋愛を楽しんでいるのであり、そのことがカフェーの来店促進につながっているというのが松崎の分析である。大正中期の時点では、恋愛沙汰も少なからず起きていたようではあるが、カフェーでの接客方法そのものが「性」を売り物にしていたわけではなかった。それにも関わらずカフェーの女性たちには、客側からは「恋愛対象」というまなざしが向けられていたという点が重要である。

ここまで松崎の発言を確認してきたが、松崎は自分がカフェーの常連であるため、女性給仕たちを擁護する側になりがちである。そこで比較のために、浅草を研究フィールドとしていた権田保之助の発言を確認してみよう。

「堅気ではない」浅草ウォッチャー・権田保之助

浅草をフィールドにして下層階級の人々の調査をしていた権田保之助は、研究対象として接客業の女性たちに関心を寄せた先駆者といえるだろう。権田は一九二三（大正一二）年二月に『社會研究　娯樂業者の群』を刊行し、同書のなかで「カフェーのウェトレス《ママ》」に言及している。当時は社会風俗を研究の対象にするということ自体が珍しかったため、権田の同書は貴重な史料である。ただし浅草と銀座が全く性質の異なる街であったことは既に述べた通りである。権田の分析は浅草をフィールドにしたうえでの記述であることを意識しながら読む必要があるだろう。だが、これらの背景を考慮にいれたとしても、権田の接客業の女性たちに対するまなざしは厳しいものであった。

権田は同書の最初の章を「水商賣・客商賣の女」とし、その項目として「藝者」「娼妓」「私娼」「料理店の女中」「待合の女中」「カフェーのウェトレス／蕎麦屋汁粉屋の女中」「宿屋と下宿屋の女中」の七つに分けている。権田はこの章の冒頭に次のような説明を記している。

　ゲイシャを思ひ起せば、直ちに娼妓を聯想し、私娼を思ひ浮ばせられる。扨ては大所の料理屋の姐さんから、カフェー・バーのウェトレスを經て、蕎麥屋、汁粉屋、天麩羅屋、鮨屋の女中さん

までが同一のシステムの中に浮び出して來る。待合の女中、宿屋下宿屋の女中衆までも同じ世界の住人である。(51)

権田は接客業に従事する女性たちをひとくくりにして「同じ世界の住人」と考えていた。ここで改めて解説しておきたいことは、当時の飲食業態の分類が、現在私たちが抱くイメージと異なっているという点である。権田はなぜ「カフェーのウェトレス」と「蕎麦屋汁粉屋の女中」を同じ項目に分類し、「料理店の女中」は別項目にしたのだろうか。まず、「料理店の女中」についてどのように述べているのかを確認しよう。

> 食ふ事よりも飲む事遊ぶ事を中心とした料理店の生活に無くて叶はぬものは、今も昔も藝者であり、半玉舞子であり、近年に至つて女優の群も亦、酒間を斡旋する酌人の一種と成つた。是等の藝者や女優や舞子の間に介在して、彼等程華やかに當面の舞臺の人と成らずに、飽くまで舞臺裏か黒子のやうな役廻りをつとめ乍ら、その舞臺の進行、演伎の巧拙の上に、根強い勢力を張つてゐるものは、料理店の女中である。（中略）全盛の賣つ子たらんとする藝者、またその賣つ子の藝者をものにせんとするお客は、女中の庇護指導に依らなくては金輪際その大望を果たす事が出來ない。(52)

権田のいう「料理店」とは、既出の東京市統計調査と同じく、芸者を呼ぶことを前提にした座敷スタイルの日本料理店を指している。したがって権田の言う「料理店の女中」は、客と芸者の間を取り持つ立場にある者で、単純な料理の運搬係ではない。

ではなぜ、権田は「カフェーのウェトレス」と「蕎麦屋汁粉屋の女中」を同じ項目で語ったのだろうか。これについても、先に示した東京市統計調査と同じ考え方をすれば合点がいく。当時の人びとの認識では、「料理店」という言葉と「飲食店」という言葉の意味は異なっていた。座敷に上がる構造の高級日本食店を「料理店」とし、それ以外を「飲食店」と称しており、カフェーも蕎麦屋も「飲食店」のなかに含まれていたのである。だが本文を詳しく読むと、権田は「カフェーのウェトレス」と「蕎麦屋汁粉屋の女中」を別のものと考えていたことがわかる。

すしや、そばや等の堅氣の商賣に於ては、直接田舎から來て嫁入り前のものが多いが、カフェーの様なところでは所謂盛りの女が多い。そして前身といふ様なものも雑多である。(53)

権田の言う「前身」とは、その職業に就く前の立場のことである。権田は、蕎麦屋など「堅気」の飲食店で女中をしていた者が、やがて転職して「堅気ではない」カフェーの給仕係になるとみていた。権田は女性がカフェーに移っていく理由について、次のように述べている。

初め田舎から出た者は、堅氣の奉公に入るが、都會の風が染み込むに伴れて、華やかな生活がして見度く、京橋、神田邊りの一寸した旅館とか料理店とかカフェーで可成りの理想をいだいて、其の生活の振出をするが、借金が借金を生んで、漸次に市の中心地を遠ざかり行き、その中のあるものは遂には千束町の様などん底にまで沈むものもあるとか。(54)

権田は、「水商賣・客商賣の女」で働く女性たちが、接客業のなかで職を転々とするという傾向を、浅草を中心に読み取っていた。はじめは堅気な店で働いていても、やがて慣れてくるともっと都会風の生活がしたくなる。しかし、そんな動機で安易にカフェーで働こうものなら、あれよあれよという間に千束町のような「十二階下」で私娼になるのがオチだ、というのが権田の評価である。確かにそのような道をたどる女性がいたのかもしれない。しかし、下層階級へ関心を持っていた権田をもってしても、接客を担う女性たちへ寄り添う視線が感じられないということに注目したい。カフェーの常連である松崎天民は、具体的な女性給仕の顔を思い浮かべながら彼女たちのことを記していたのだろうが、世間一般から見ると、松崎のような立場が少数派なのであって、権田の視線が当時の多数派だったのではないだろうか。権田の「カフェーのウェトレス」に対するイメージは当時の世間のまなざしを代弁しているように思われる。

(1)　京橋協会編『京橋繁昌記』（一九一二（大正元）年）によると、当時京橋区にあった主な新聞・通信社や雑誌社は、讀賣新聞／時事新報／東京朝日新聞／やまと新聞／國民新聞／中央新聞／大正日報／東洋新報／豊國新聞／帝國通信／自由通信／日本電報通信／東京通信／獨立通信／朝野通信／實業の日本社／東京經濟雑誌／工業雑誌／電氣之友（電友社）／汽車汽船旅行案内（庚寅新社）／東京醫事新誌・女子文壇（仝社）／帝國

文學（大日本圖書）／ときのこゑ（救世軍本營）などのほか、地方新聞の東京支局が集中していた。

(2)「カッフェ」と「バーとホール」の連載には「大食漢」というペンネームが用いられているが、同書に収録されていることから、「大食漢」が松崎天民であることがわかる。

(3) 松崎天民『女人崇拝』精禾堂、一九二〇（大正九）年、二四八頁。

(4) 松山省三「プランタン今昔」『文藝春秋』一九二八（昭和三）年九月号、一四九頁。

(5) 大食漢「バーとホール（五）謎蔵子迂呑巣の記」『東京朝日新聞』一九一一（明治四四）年九月二〇日朝刊、五頁。

(6) カフェー・プランタンの経営者である松山省三によると、維持会メンバーとなったのは、美術家では黒田精輝、岡田三郎助、和田英作、文学者では森鷗外、柳川春葉、岡本綺堂、永井荷風、正宗白鳥、小山内薫、島村抱月、生田葵山、池田大伍、木下杢太郎、高村光太郎、北原白秋、谷崎潤一郎、中澤臨川、吉井勇、萱野二十一、長田秀雄、長田幹彦、女流作家では森眞如、長谷川時雨、岡田八千代、尾島菊子である。そのほか、雑誌や新聞関係者や、俳優や花柳界の女性たちも参加した（松山省三「プランタン今昔」『文藝春秋』一九二七（昭和三）年九月号、一五〇頁より）。

(7) 一九三一（昭和六）年に刊行された安藤更生『銀座細見』のプランタンに関する記述は、松山の当該記事をほぼそのまま転記した箇所が散見される。

(8) 前掲、松山省三「プランタン今昔」、一四九―一五〇頁。

(9) 松崎天民「淪落の女（二）捨ばち」『中央公論』一九一二（大正元）年三月一日、一一三―一一四頁。

(10) 前掲、松崎天民「淪落の女（二）捨ばち」、一一四頁。

(11) 前掲、松崎天民「現代カフエー大觀」、三七―三八頁。

(12) 前掲、松崎天民「現代カフエー大觀」、三七頁。

(13) 現在「銀座プレイス」（銀座五丁目）がある場所、銀座四丁目交差点の角である。
(14) 『東京朝日新聞』一九一一（明治四四）年八月九日朝刊、一頁（広告）。
(15) 「カッフエー（一）銀座街頭の獅子吼」『東京朝日新聞』一九一一（明治四四）年八月二七日朝刊、六頁。
(16) 「カッフエー（二）西洋人の苦い顔」『東京朝日新聞』一九一一（明治四四）年八月二八日朝刊、六頁。
(17) 「カッフエー（三）日本三灰殻の二人」『東京朝日新聞』一九一一（明治四四）年八月二九日朝刊、六頁。
(18) 「カッフエー（一）銀座街頭の獅子吼」『東京朝日新聞』一九一一（明治四四）年八月二七日朝刊、六頁。
(19) 「カッフエー（一）銀座街頭の獅子吼」『東京朝日新聞』一九一一（明治四四）年八月二七日朝刊、六頁。
(20) 「カッフエー（二）西洋人の苦い顔」『東京朝日新聞』一九一一（明治四四）年八月二八日朝刊、六頁。
(21) 『東京朝日新聞』一九一一（明治四四）年一二月二二日、朝刊、五頁。
(22) 『東京朝日新聞』一九二一（大正一〇）年八月一二日、夕刊、三頁（広告）。
(23) 松崎天民「淪落の女（三）お小夜」『中央公論』一九一二（大正元）年六月一日、九一頁。
(24) 變装記者「カフエーライオンの給仕となる記」『新公論』一九一三（大正二）年一一月号。この記事が知久桟雲峡雨生『変装探訪世態の様々』一誠堂書店、一九一四（大正三）年に所収されていることから、この變装記者は知久である。ただし同書の奥付の著者名は知久政太郎となっている。
(25) 前掲、變装記者「カフエーライオンの給仕となる記」、一〇六頁。
(26) 前掲、變装記者「カフエーライオンの給仕となる記」、一〇四頁。
(27) 歌川淩「天鵞絨《びろーど》の帽子」資生堂編『銀座』一九二一（大正一〇）年、三〇五―三一六頁（所収：資生堂編『文学地誌「東京」叢書 第八巻 銀座』大空社、一九九二年、三〇五―三一六頁）。
(28) 松井栄一・曾根博義・大屋幸世監修『近代用語の辞典集成2』大空社、一九九四年（服部嘉香・植原路郎『訂正増補 新らしい言葉の字引』實業之日本社、一九一九（大正八）年、九三頁）。

（29） 水島爾保布『新東京繁昌記』日本評論社、一九二四（大正一三）年、二一一頁。

（30） 南部修太郎「銀座と私」資生堂編『銀座』一九二一（大正一〇）年、二三八―二三九頁（所収：資生堂編『文学地誌「東京」叢書 第八巻 銀座』大空社、一九九二年、二三八―二三九頁）。

（31） 松崎天民「銀座覺え帳」資生堂編『銀座』一九二一（大正一〇）年、二八二頁（所収：資生堂編『文学地誌「東京」叢書 第八巻 銀座』大空社、一九九二年、二八二頁）。

（32） 前掲、松崎天民「銀座覺え帳」、二八二―二八三頁。

（33） 「銀座街大觀―京橋より新橋に至る銀座通の圖」資生堂編『銀座』、一九二一（大正一〇）年、三三〇―三四六頁（所収：資生堂編『文学地誌「東京」叢書 第八巻 銀座』大空社、一九九二年、三三〇―三四六頁）。

（34） 前掲、「銀座街大觀―京橋より新橋に至る銀座通の圖」、三四六頁。

（35） 『新日本』での連載は一九一五（大正四）年一二月から一九一七（大正六）年五月までである。

（36） 同書の目次のタイトルは、「お役所の麹町」「書生の神田」「和製の日本橋」「高襟《はいから》の京橋」「南東京の芝」「虫聲の麻布」「華族の赤坂」「腰辨の四谷」「高臺の牛込」「學者の小石川」「角帽の本郷」「花の下谷」「女の浅草」「職工の本所」「水郷の深川」となっている。ただし、雑誌に掲載された順番では、連載一回目が日本橋でタイトルは「日本橋研究」、二回目が京橋でタイトルは「京橋繁昌記」、四回目が浅草でタイトルは「享樂圓浅草記」となっている。

（37） 山口孤剣「京橋繁昌記」『新日本』一九一六（大正五）年一月号、一七九頁。山口孤剣『東都新繁昌記』京華堂書店・文武堂書店、一九一八（大正七）年、九二頁。

（38） 浅草区の雑誌掲載時点のタイトルは「享樂圓浅草記」である。（『新日本』一九一六（大正五）年三月号、一四五―一五四頁）。

（39） 前掲、山口孤剣「京橋繁昌記」、九二頁。

(40) 浅草区の飲食店数が増加したのは、一九二二（大正一一）年一二月末日の統計に「銘酒屋」という項目がなくなったことによる。銘酒屋と飲食店の判別が難しく、銘酒屋は飲食店に含まれるようになったものと思われる。
(41) 「エプロンの誇」『讀賣新聞』一九一三（大正二）年一一月三〇日朝刊、三頁。
(42) 前掲、「エプロンの誇」の記事に同じ。
(43) 町田祐一『近代都市の下層社会　東京の職業紹介所をめぐる人々』法政大学出版局、二〇一六年、二五二頁。
(44) 権田保之助『社會研究　娯樂業者の群』実業之日本社、一九二三（大正一二）年、五五頁。
(45) 松崎天民『恋と名と金と』弘學館、一九一五（大正四）年、一七四頁。
(46) 前掲、松崎天民『恋と名と金と』、一七五頁。
(47) 前掲、松崎天民『恋と名と金と』、一七六頁。
(48) 前掲、松崎天民『恋と名と金と』、一七七頁。
(49) 前掲、松崎天民『女人崇拝』、二四三―二四四頁。
(50) 前掲、松崎天民『女人崇拝』、二四五頁。
(51) 前掲、権田保之助『社會研究　娯樂業者の群』、二頁。
(52) 前掲、権田保之助『社會研究　娯樂業者の群』、四三―四四頁。
(53) 前掲、権田保之助『社會研究　娯樂業者の群』、五五頁。
(54) 前掲、権田保之助『社會研究　娯樂業者の群』、五五―五六頁。

第三章　関東大震災からの復興とカフェーの乱立

1　関東大震災と銀座

銀座の被害状況

一九二三（大正一二）年九月一日午前一一時五八分、関東大震災がおこった。関東大震災は相模湾沖を震源地とする直下型の地震であった。発生した時間帯が昼時で、多くの場所で火を扱っていたため各地から火の手が上がった。木造建築が密集していた東京下町の被害は特に大きく、一夜にして東京市の半分が焼け落ちた。当時は新聞や雑誌が写真を報道に取り入れようとしていた時期であり、新聞社や雑誌社の多い銀座地区は地震直後の記録が多く残されている。新聞社・雑誌社の多くは、自社が被災したにも関わらず精力的に取材を行い、全国に被災状況を伝えようと努め、関東大震災特集が組まれた。それらの記事から銀座の震災直後の被災状況を確認してみたい。

大日本雄弁会講談社が一九二三（大正一二年）に発行した『大正大震災大火災』には「死灰の都をめぐる　災害翌日の大東京」[1]という筆者不明の記事がある。この記事は、震災翌日に被災状況を確認するために被害のあった場所を見て歩いた記者の記録である。銀座を報告している箇所を次に引用する。

図3-1　1923（大正12）年９月の銀座４丁目付近。骨組みだけ残っている右側の建物は建設中の銀座ビルヂング。（『國際寫眞情報　関東大震災号』1923年10月10日発行より）

銀座に入れば、木煉瓦がまだ、プス〳〵燻ぶつて居る。此處まで來て思ふのは、建築半ばで焼けた大建築の多い事だ。殊に銀座ビルヂングの如きは、外側に面した恐ろしく大きい御影石は、誰れかゞ態と割つたかのやうに、割れて居る。服部や天賞堂など、貴金屬商の跡へは、店員か、焼け跡荒しか、もう入り込んで、堀り返して居る慾の前には、命もいらぬ人々、況んや餘燼をやと、呆るゝよりも、驚かされた。尾張町の十字街を左折すると、儼然殘つてゐる鐵筋コンクリートで宮造り、工事半ばの歌舞伎座が、突立つて居る。何か、解き難き謎のやうにも見られる。(2)

この記事は震災翌日の銀座の様子を生々しく伝えている。建築半ばの銀座ビルヂングとは、後に銀座松屋が入るビルである。ここにある服部（服部時計店）は、銀座四丁目に移る以前の銀座二丁目にあった店のことである。歌舞伎座も建築途中で焼失してしまった。銀座に次々と大規模建築ができようとしている時に震災大火にみまわれた。

同誌に掲載されている別の記事「焦土に立ちて　失つた名所名物の追憶」[3]にも銀座について書かれた箇所がある。銀座を歩いた日時については不明であるが、震災の数日後のようだ。銀座に関する記述は次の通りである。

> 私は銀座の通りに出た。たゞ川崎銀行支店の建物のみが、煙にも染められず白く聳えて居るのみであつた。『ライオンは此所にあつたのだが……、天賞堂は此所だつたが、……明治屋も、伊東屋も、服部も、山崎も、田屋も、大徳も、大倉組も、天金も、ウーロン茶も、松屋も、一體、何うしたと云ふのだらう……』鐵骨や鐵筋や煉瓦の周壁だけが、氣味惡く殘つて居るのみで、「東京銀座」の面影は、夢のやうに消えて居た。アイスクリームを食べた資生堂も、若い女達を相手にして、半夜を興じた界隈の待合も、遠い〳〵昔の存在に過ぎぬやうな氣持がした。[4]

文中にある川崎銀行支店があったのは、現在の銀座八丁目東側である。この筆者は花街などの歓楽街にも詳しいようだ。東京市の花街の被害状況についても言及している。

> 吉原、洲崎、新宿、千住の公娼廓も全滅して、僅に品川の一廓を餘して居る事實も、私に様々の事を考へさせずには置かなかつた。東京全市に誇つて、色香の世界を誇張して居た新橋、烏森、新富町、靈岸町、日本橋、柳橋、葭町、淺草、吉原、下谷、湯島、富士見町、講武所、赤坂の諸

花街が全滅して、僅に神樂坂、荒木町、麻布、神明、道玄坂の五街を餘して居る事實も、眞に激しい轉變であつた。生活の脅威は、斯うした歡樂的方面の衣食者をも、一足飛に地獄のドン底に投げ入れたのであつた。(5)

多くの花街が下町にあったため、関東大震災は浅草、上野、日本橋、銀座といった大きな盛り場のほかにも、各地に点在していた花街を焦土化した。特に吉原では、建物に閉じ込められた多くの娼妓が焼死したという悲惨な出来事が起こった。このことをきっかけに、キリスト教系の婦人団体を中心に公娼廃止運動が盛んに展開されるようになっていった。生活の基盤を失った芸娼妓たちは、震災後には生活再建という課題を背負わされたのである。

復興とバラック、生活を立て直す人々のエネルギー

震災後、被災した人々が暮らした仮設の住居や店舗はバラックと呼ばれた。震災前の銀座はインテリ層向けの商売が中心であったが、震災後の商品構成は気取ってはいられなかった。震災直後に開業した店は、バラックでありながらも生活必需品が売られ、胃袋を満たすことのできる飲食店が並んだ。

今和次郎は生活を再建しようと必死に生きるバラックの人々に感銘を受け、都市生活者の生活を詳細に記録しはじめた。その時の心情を、今自身が次のように述べている。

さて、われ〳〵は、抑も考現學的研究らしいものをやり出したのは、大正十二年の關東大震災の

> 際までさかのぼる。あのとき東京の天地は焼野と化してしまつたが、あの焼野に立つて、如何うまた東京が建て直されて行くのであらう、と云ふ注意が誰にも起きたらうし、私達にも當然あつたわけだ。私個人としてはあのときまで、多くの餘暇を地方に於ける現象の研究に利用してゐたのであつたが、大震災後東京に於て研究してみたくなつた。そしてそれの最初の結晶は大正十四年（一九二五年）の初夏に行つた銀座の風俗調査であつた。[6]

今和次郎たちは震災から約二カ月後には「バラック装飾社」というグループを組織し、バラックに装飾を施す仕事に着手した。当時バラック装飾社が手掛けたカフェーとして注目されたのは、銀座二丁目にオープンした「カフェー・キリン」であった。[7] カフェー・キリンは麒麟ビールの販売代理店であった明治屋の経営であった。カフェー・キリンは落ち着いた雰囲気で美味しいビールを飲ませる店として評判を呼び、派手さはないものの銀座通の人びとに支持され定着していった。

一九二四（大正一三）年一月発行の『商店界』新年号に、年末の様子を記した「復興商店見物記」という記事がある。大震災からわずか四カ月足らずであるにもかかわらず、さまざまな店が人々の予想を上回る早さで建設されていたことが記されている。銀座に関する記述は次の通りである。

> 銀座街頭にはピンク色に塗り立てたカフエー・ライオンとそのライオン・マーケットとがあつたのであるが、今は焼けて無からふと思つたに、どうして、もうちやんと清酒たる一階建バラックが出來上つて目下盛業中を來てゐる。オツトその向ひの角には三越の銀座マーケットがある。銀

座を其處で左へ折れて京橋に向かつて復興氣分の銀ぶらをやる。早いもの、震災後二タ月一寸でも銀ぶらが出來るんだ。店？商店はまだ數へる程しか開業してゐないが、ハイカラなバラックがどん〳〵建つてゐる。流石は銀座だと叫びたい位氣の利いたバラック商店がどし〳〵出來てゐる。[8]

この記事のなかにある「マーケット」とは仮設の売店のような形態を指している。まだ銀座に進出していなかった三越も、銀座で仮設の販売拠点を持ち、震災後の購買ニーズに応えていたようだ。また、一九二三（大正一二）年の年末には、松屋もバラックによる売店営業をスタートさせていた（図3-2）。この記事には松屋の様子についても報告されている。

すつかり焼け拂はれた銀座に怪物の様に衛立つてゐる建物がある。また上の方は鐵骨のまゝでゐる建築中の銀座ビルヂングである。今川橋の百貨店松屋は其處の一階を以前から借りる約束になつてゐた今、そこを通るとどうだ。間口かれこれ二十間もあらふと思はれるその建物に紅白の幕を張り詰めて花々しく松屋が開業してゐる。大したものである。[9]

一面焼け野原となってしまった銀座は、復興のエネルギーに満ちていた。本建築が完成していなくても、バラックであらゆる業態の商業店舗が営業を開始していた。百貨店の松坂屋も松屋も正式なオープンに先駆けてバラック店舗で生活必需品を売っていた。震災で多くの物を失ってしまった人々も生活を建て直すために働き、必要なものを手に入れた。

銀座の復興は、昼の商売ばかりでなく、夜の商売も人々の予想を上回るスピードで活気を取り戻していた。銀座の復興への感慨について、廣津和郎は震災の年の大晦日を思い出しながら次のように記している。

図3－2　上部は鉄骨むき出しのままのビルで，仮営業する松屋。

図3－3　資生堂のバラック店舗。洒落た外観である。（『商店界』1924（大正13）年1月，新年号より）

自分が銀座から最も強い印象を受けたのは、大正十二年の大晦日の銀座だつた。（中略）大晦日になつて、兎に角、バラック街の、裏側には眞暗な闇が巣喰つてゐるとは云へ、外側だけでも、今日見るあの銀座が、殆んど完全に出來上つたのに、歡喜の聲を揚げたものだ。今から考へると子供染みた感激ではあるが、その當時の東京市民で、大晦日に銀座に出た人は、地震後四月目であの銀座が華々しく復活した事に、みんな狂喜したものだつた。[10]

震災後四カ月で、銀座は人々に希望を抱かせるほどに、活況ぶりを取り戻しつつあったのだ。その後も銀座は驚くような速度で復興し、震災前以上に盛り場としての吸引力を強めた。震災後の銀座の変貌ぶりを、資生堂の福原信三は一九二五（大正一四）年創刊の『銀座』に寄せた「銀座の新装」のなかで「思ひ出多かりし銀座を失つた私共は、憧憬や未練の中にも唯一筋に新銀座の建設に勵しみ、假建築ながら夕の歩道を行く時、失ひしにも勝る華やかな銀座を見るまでに至つた[11]」と述べ、銀座が賑わいを取り戻したことを喜んでいる。

松崎天民は一九二六（大正一五）年一一月一八日の『中央新聞』で「震災後の五六ケ月は、丸の内時代を出現したけれど、今日の東京生活に於ては、依然として「銀座中心時代」を構へ成してゐる[12]」と述べている。震災直後は被害の少なかった丸の内に注目が集まったこともあったが、それはわずか数カ月で、復興した銀座が以前にも増して注目されるようになったという指摘である。

松崎は一九二六（大正一五）年八月二五日から同年一二月一日まで、『中央新聞』に「銀ブラ」という連載コラムを七五回にわたって書いている。これらのコラムは一九二七（昭和二）年五月に銀ブラガイド社から『銀座』として刊行された。巻頭言には、「少くとも新銀座の概念と輪廓だけは、おぼろ氣ながらも、表現したやうに思ふ。銀座を知らふとする人々のために、銀座を見やうとする人々のために、此の本が少しでも、水先案内の役目を果し得れば、私の本懐である[13]」と松崎の思いが綴られている。

二大百貨店の進出から飲食店が増加

商業の面で「新銀座」誕生を印象づけたのは、一九二四（大正一三）年一二月の松坂屋の本建築による正式開業と、一九二五（大正一四）年五月の松屋の本建築による正式開業という、二大百貨店の銀座進出であった。震災後に開業した松坂屋も松屋も、下足預り制度を採用せず外履きのまま入店するスタイルを採用した[14]。商品構成についても生活に必要な日用品や食料品を扱ったこと、食堂をおいたことで、誰もがふらりと立ち寄れる商業施設として賑わった。松屋・松坂屋の登場は、銀座の客層と商圏を拡大した。当時は散歩の延長線で外履きのまま百貨店内を見て歩くという行為自体が新しい体験なのであった。

松坂屋、松屋の銀座進出を脅威に感じた物販店のなかには、カフェーなどの飲食店に転業する店や、廃業して貸店舗にする店が現れた。龍池令宜は銀座の商店主が業態転換を図った背景について、次のように述べている。

百貨店がそち、こちに出來てからは前にも述べた通り商勢は日に衰ろへて盛んになるは百貨店ばかりといふ始末、こんな風ではとても商賣で一ぱしやつて行かうとするは至難極りなきことだから、寧そのこと買物は百貨店へ奪はれるものとして、こちらは開業しても損のない飲食店、飲食店といつても並々のことでは客を吸收することが出來ないから、名前も至つてハイカラにしたカフエーを經營し、粒よりの美人女給を抱へて赤い酒、青い酒のお酌をさせるのが人氣に叶ふこと疑ひ無しと目論見出し、沒落する大商店や貸家などを探し當て、カフエーバーを開店する人がメキ〳〵と殖へて來た。(15)

銀座にカフェーが乱立した要因のひとつには、百貨店の進出があったのである。銀座の商業は、震災前は舶来品専門の物販店が中心であったが、震災後、買い物客を百貨店に奪われてしまったというわけである。そのことをきっかけに、物販業態から飲食業態へ鞍替えする店が増え、飲食業態のなかでも新業態として注目されていた「カフェー」を経営する店が多かった。震災後の銀座は、百貨店の登場によって商業の特性を変化させ、震災から三年後には、すっかり銀座が東京最大の繁華街としてその地位を確立することになったのである。

昭和初期に出版された銀座関連の書籍を読むと、新銀座の特徴として「昼の顔」と「夜の顔」の分離が強化されたことに気づく。「昼の顔」が強化されたのは、百貨店の登場によるところが大きい。そして、「夜の顔」が強調されたのはカフェーの増加と大衆化によるところが大きい。当時の銀座に関する記述も、著者が昼を中心に語っているのか、夜を中心に語っているのかで、銀座の捉え方が異なって見える。しかし昼の銀座と夜の銀座は、商業の点からみると表裏のように不可分な構造になっていたのである。

なお、カフェーの急増に伴い、震災以降はカフェーで働く女性給仕を表す言葉として「女給」という言葉が定着した。時代背景を考慮し、本書でもここからは「女給」という言葉を用いることにする。言葉の変化については第四章で改めて確認する。

2　夜の「新銀座」とカフェー・タイガー

カフェー・タイガーの美人女給戦略

関東大震災後の夜の銀座において最も重要な出来事は「カフェー・タイガー」の開業である。カフェー・タイガーは、浅草でカフェー・オリエントを経営していた浅野総一郎が一九二四（大正一三）年九月に尾張町一丁目にオープンした店である。場所は銀座通りを挟んでカフェー・ライオンのなな め向かいであった。

カフェー・タイガーの戦略は、美人女給による接客で客を引き付けることであった。女給たちは化粧や衣装を派手にし、客に親しみを感じさせるような接客をおこなった。関東大震災前からカフェーの女給たちは客を魅了していたが、仕事はあくまでも給仕であった。それに対して、カフェー・タイガーは接客そのものを商品化したのである。浅草で成功した浅野は、オリエントから大勢の女給を引き連れて来たほか、芸者や他のカフェーから女給をスカウトするなど積極的に美人女給を集め、三〇人以上もの女給を在籍させていた。[16] 特にカフェー・ライオンからの移籍は無条件に採用した。カフェー・タイガーの登場は、浅草イズムの銀座進出を意味したのだった。

開業当初のカフェー・タイガーの様子を、客たちはどのように記しているのだろうか。まず、松崎天民は一九二六（大正一五）年九月二二日の『中央新聞』で、カフェー・タイガーの女給たちの美しさを絶賛し、浅野総一郎の戦略について「淺草のオリエントもさうであるが、タイガーも美しい女を集めることに於て、何か特殊の手腕があるらしく思はれる迄に、レベル並か或は以上の女を提供して居るのである」[17]と述べている。松崎はカフェー・タイガー開業時、四六歳であった。自分を「既に過去の人であるべき初老の男」[18]といいながら、それでもすっかりタイガーの虜になってしまっていた。

カフェー・タイガーは一躍人気店となり、菊池寛、永井荷風、松崎天民、廣津和郎など多くの文士がカフェー・タイガーの常客となった。カフェー・タイガーが文士の集まるカフェーとなったことは、後に流行歌「銀座行進曲」で「タイガー女給さん文士がすきで」と歌われるほどであった[19]。

松崎よりも若い世代のカフェー・タイガーに関する発言を確認してみよう。銀ブラ第二世代の酒井眞人は一九二九（昭和四）年刊行の『カフエ通』のなかでカフェー・タイガーについて次のように述べている。

カフエ・タイガーが出來ると、美人女給本位の計劃が見事に當つて、タイガーは忽ち銀座歡樂境の中心となつてしまつた觀があつた。赤青紫と三組に別れて、やさしいのや、淋しいのや、藝妓のやうなのや、女學生なのや、浮氣さうなのや、お天狗なのや、三十五六人の女が色取々に妍を競ひ合つて、ジンの匂ひと煙草の烟と、誠に一夜の歡樂を追ふに相應はしいカフエなので、千客萬來素晴らしい繁昌振りを示した。それにライオンなどからも、馴染みのウエイトレスが幾人となく鞍變へして來たので、文句なく私たちは皆んなタイガー黨となつてしまつた[20]。

酒井眞人は美人ばかりを集めるカフェー・タイガーの戦略を鋭く分析している。カフェー・タイガーは、様々なタイプの女給をそろえれば、客が必ず好みの女給を見つけられること、銀座の有名店から女給を引き抜けばもれなく客もついてくるということをわかっていた。この美人女給で客を集める戦略は、経営者である浅野総一郎が浅草のオリエントで既に実践していた戦略であった。オリエントは震災前から浅草の人気カフェーで、銀ブラの常連たちも出入りしていた店である。酒井眞人は「銀座カフエに美人女給が出現するやうになつたのは、タイガー出現に負ふところが多かつた譯であるが、そのタイガーは、實に源をアメリカのオリエントに發してゐるのである[21]」と述べている。カフェー・タイガーの開業は、「女の浅草」で成功したカフェーが銀座進出を果たしたという出来事であった。美人女給戦略の成功は夜の銀座の「浅草化」だったのである。

女性によるカフェー・タイガーに関する言説を探してみたところ、林芙美子の『放浪記』にカフェー・タイガーに関する記述があった。当時神田や新宿のカフェーで女給をしていた林芙美子は同業者という立場である。林は自作の詩を新聞社に持ち込んだが受け付けてもらえなかった帰りにカフェー・タイガーの前を通りかかった。そのときの印象を「廣告に出てゐたタイガーと云ふ店があつた。竝んで松月と云ふ店もある。みとれるやうに綺麗なひとがきどつた小さい白まへだれをしてのぞいてゐる。胸まであるエプロンはもう流行らないのかしら[22]」と記している。林の目から見るタイガーの女給もやはり「みとれるような綺麗なひと」だったのである。

カフェー・タイガーは美人女給をそろえて客を集めた結果、チップの相場を吊り上げた。一九二九（昭和四）年刊行の今和次郎編『新版大東京案内』では、カフェー・タイガーを次のように紹介している。

銀座のカフエーで、一番名士のやつて來るのは、先づこゝの店だらう。それだけに、チツプを一圓やつても（銀座の表通りのカフエーに於ては、チツプの一圓は常識である）輕く一禮する位のもので、梯子段のところ迄送つて貰ふやうなことは、一年通つても一圓級では先づ絶望である。[23]

カフェーでは担当してくれた女給にチップを渡すシステムになっていた。一流店ではそれなりの金額を渡す必要があった。コーヒー一杯で長居をしてチップを渋るようでは、カフェー・タイガーのような銀座の有名店では相手にされなかった。

美人女給を戦略的に商品化したカフェー・タイガーは、イベントごとに女給たちに派手な衣装を着せて集客するという方法も取り入れた。松崎は、カフェー・タイガーの「紅葉デー」というイベント初日の様子を次のように記している。

今日から紅葉デーだと云ふタイガーに入つて見ると、階下は一面に燃えるやうな楓葉で、同じ紅葉散らしの揃ひの衣裳で、女給達が右往左往して居た。淺黄地に紅葉を散らした金紗の振袖に、紅葉を染抜いた羽二重の帶、高島田や丸髷の純日本趣味も、一樣の美しさを見せて居た。[24]

松崎はイベント日の華やかな衣装を面白く観察していたようである。

一方、ゴテゴテと飾りたてて集客を促すカフェー・タイガーのやり方に対して、フランス帰りの小説家岡田三郎は批判的であった。別のイベントについてのコメントであるが、岡田の評価は次の通りである。

カフェ・タイガーの女給の假装ぶりは、あまりにクロ《ママ》テスク過ぎる。女性の魅力がどれにも殆ど見出されない。悪趣味だ。御殿女中風のに、どうだ、窮屈ぢやないかときいたら、とても苦しくつてやりきれないとこぼしてゐた[25]。

どうやらタイガーの女給たちもイベントの衣裳については仕事として仕方なくやっていたようだ。衣裳代を誰が負担しているのかについては書かれていないが、一般的に衣裳代は女給たちの自己負担であった。

夜の銀座に陶酔する人々

百貨店が登場した震災後の銀座は、「買い物」を目的とした土日の客層と「飲食」を目的とした平日の客層に大きな違いが出るようになっていた。このことについて、松崎は次のように分析している。

銀ブラ常習者の群も、一種の銀座陶酔者であつて、何が無しに銀座を歩かねば、物忘れしたやうな空虚を、感ずると云ふのである。平生の銀座街頭は、さうした人々に依つて占領され、銀座を享樂すると云ふよりも、銀座を生活すると云つたやうな、切實ささへ窺はれるのであります。それが土曜から日曜になると、健全な銀座享樂者の群に依つて、カラリと四邊の空氣を變へ、何となく田舎の祭禮でも見るやうな、他所行きの銀座が展開するのである。ライオンやタイガーに、夫婦者らしいのや、情人連れらしいのが、何の憶面もなく飲食してゐるのも、土曜日の夜の眺めであります。[26]

松崎の記述から、平日にはいわゆる銀ブラ常連の男性陣が銀座を闊歩し、土日になると夫婦や家族連れなどが飲食店の客層であったことがわかる。[27] 松崎は、自分が銀座陶酔者のひとりであることを認めている。松崎の新聞連載コラム「銀ブラ」には、次のように述懐がある。

柄にも無く風を引いて、二三日をブラ〳〵過ごしたが、それでも銀座へだけは、毎日のやうに出かけた。第三者の立場から、銀座を眺めてゐた私も、何時の間にか「銀座病患者」になつて、一目でも銀座の氣分に觸れなくては、物足り無さを感ずるやうになつた。[28]

風邪をひいても出かけていくというのであるから、松崎はすっかり銀座中毒である。だからこそ松崎の記録には常連客のリアリティがあるのだろう。松崎による新聞雑誌記事の史料的価値は、記者としての細かな分析以上に、銀ブラ当事者の証言としての価値なのである。

夜の銀座に取りつかれたのは松崎だけではない。廣津和郎は『中央公論』一九二七（昭和二）年四月号「銀座と淺草」のなかで、二二、三歳の頃の銀座熱を次のように回想している。

一時は一日中の殆んど全部を銀座で過したと云つても過言ではない。自分はその頃麹町にゐたが、起きると直ぐに銀座通に出かけ、夜が更けなければ家に歸つて來ない。毎日毎日がさうである。春夏秋冬がさうである。宇野と自分とは互に酒は飲めないから、珈琲、紅茶ばかり飲んでゐたが、よくもあんなに珈琲、紅茶が飲めてゐたものだと、今思ふと我乍らあきれざるを得ない。一體そんなら銀座の何處がいいのかと云はれたら、何處だか解らない。けれども、これは、一つの習慣で、夕方になると、あの解り切つた銀座の灯が、へんに魅力に感ぜられて來るわけなのである。――一體何處に魅力があつたのだ、と今自分で考へても、やつぱり一種の病氣のやうなものだらうと思ふ。[29][30]

廣津がこの記事を書いた頃は三六歳である。もう銀座熱は冷めてきたと述べているが、廣津が小説『女給』を発表したのは、この記事の三年後である。廣津の銀座通いは相変わらず続いたのである。廣津よりさらに若い一八九八（明治三一）年生まれの酒井眞人は、震災後がちょうどカフェー通いの現役世代であった。酒井はカフェーの魅力について、同じく『中央公論』の特集記事に掲載された「カフエ廻り十二軒」で次のように述べている。

私は一日一ぺんは何處かのカフエにはいらぬと習慣を破るやうな氣がしてひどく淋しくなるとい

ふ滑稽な氣性を持つてゐるのである。他人にとつては何んとも説明のしようのないやうなこの私の氣性も、今では何かカフエの玄祕な理法によるのではないかしらと考へられるのである。(31)

酒井は、カフェーに通う目的については、次のように述べている。

私は面白いからカフエに行くのである。カフエでぼんやりトグロを巻くことは、私には文壇の大家を歴訪するよりも面白いのである。カフエで女か友達を相手に氣焔を上げることは、私には麻雀を遊ぶよりも面白いのである。ただそれだけのことである。(32)

酒井の銀座通いは翌年も相変わらず続いていた。雑誌『女性』の一九二八（昭和三）年五月号に掲載された「カフエ萬年候補」で、酒井は自分の銀座狂いを次のように独白している。

カフエには相當血の出るやうなアフエヤを持つてゐる私だが、未だに懲りずにセツセと夜な夜な蝙蝠《かうもり》のやうに通つてゐるところを見ると、序のことにこの私は、一生カフエに活力を捧げる氣なのかも知れぬ。私は、しかしこれが人の信用を失ふことを恐れて、思ひ切つて一遍カフエに訣別して見たのだが、情けないことには一週間と長續きがしなかつた。ライオンに寄るとタイガーに寄る。タイガーに寄ると黒猫に寄る。振り出しまで戻つて、またライオンからタイガーにタイガーからクロネコに、或ひは是等の順序を逆に（?）リレー・レースをやるやうなことになつて、だから宵越しの金を殘さうなどと氣の利いたことも出來ず、カフエと女給に鷹揚にハタイて來るのである。[33]

銀座通いには中毒性があるようだ。松崎も廣津も酒井も仕事のように銀座に通っていた。カフェーの常連客の来店頻度は、単なる常連というイメージを遥かに超えたものである。毎日の生活のなかにカフェーという場を持っていた。銀座のカフェーがひとつの文化を発信していくことになったのは、彼らの独白にあるように、常連客たちに「夜の居場所」を提供していたからなのだろう。

三〇五軒の夜の露店

銀座の夜遊びの中心がカフェーであることに間違いはないのだが、それ以外にも銀座は魅力をもっていた。震災後、銀座では夜の露店が復活していたのである。

震災後の銀座の夜の露店を詳細に調査したのは吉田謙吉である。吉田は一九二五（大正一五）年の六月に「東京銀座街風俗記録」という観察をもとに詳細な記録をとった。調査結果は今和次郎とともに著した一九三〇（昭和五）年刊行の『モデルノロヂオ』に収められている。同書の刊行で「考現学」という新しい社会風俗の捉え方が注目されるようになったのであるが、この調査が実施されたのは、震災から二年後の一九二五（大正一五）年の銀座であるという点に注目したい。吉田による露店の調査は、一九二五（大正一五）年五月二五日の夜九時頃に竹川町の角（現在の銀座七丁目新橋側の角）からスタートして銀座一丁目まで調査をしている。この調査によると合計三〇五軒の露店が銀座通りに出ていたことが報告されている。売られている商品は、タオルや下駄のような日用品から、すだれ、電球、くだもの、絵葉書まで様々である。銀座の夜のそぞろ歩きの楽しさには、夜店の存在が大きかったことが伝わってくる。

銀座が夜に出かける場所として魅力的だったのは、交通の便がいいという理由もあった。百貨店が登場したことで銀座の商圏は広がり、わざわざ銀座に出掛ける人たちが増えた。松崎は一九二五（大正一五）年九月一五日と一六日の『中央新聞』で、銀座の交通の便について触れている。松崎は、銀座が東京のあらゆる場所からアクセスしやすい「東京の心臓」であるとして、各地からの所要時間を列挙している。(34) 松崎は銀座の夜の賑わいが遅くまで続いていたことについて、次のように述べている。

九時過ぐる頃から人足は少くなつて、十時と云へばさしもの銀座も、稍寂寥の観を呈するが、それは路上に見る光景であつて、銀座も中なる情景に至つては、十一時を過ぐるに及んでも、なか〳〵其の賑しさを失はないのである。カフエーと云ふカフエーは、夏時に限つて十二時近くまで客を呼び、若い男女と酒肉の香りと、煙草の煙とが相錯綜してゐる眺めは、眞に近代東京の縮圖と云つて宜からう。銀座の夜色に陶酔して、半夜を浮かれ興じてしまふ男は、若い新しい輩ばかりでなく、四十男にして然り、五十男にして然りである。(35)

銀座の店では終電間際まで、男性客が年齢を問わずに楽しんでいた。

3　東京市におけるカフェー急増の要因

開業資金二、三〇〇〇円と女給の低賃金雇用

震災後のカフェーの急増は、銀座だけでおこったわけではなかった。浅草や新宿などの主要な盛り場や東京市内の三業地でもカフェーの新規開業が目立っていた。東京市全体の「飲食店」数の推移を、東京市統計をもとにグラフ化すると、図3－4の通り、一九二三（大正一二）年以降に急増していることがわかる。さらに図3－5で神田区、日本橋区、京橋区、浅草区の「飲食店」数の変化を見ると、銀座を含む京橋区の増加が目立っていることがわかる。なお、ここでの「飲食店」とは第三章で述べたように、座敷スタイルの日本料理店や待合を除く飲食店全般を指すため、カフェーだけを確認できるデータは存在していない。

カフェー業態だけを抜き出すことはできないが、そもそも当時の「カフェー」という言葉の範囲が広かったということに注意しなければならない。当時は、洋食やビールやコーヒーなどを出してテーブルと椅子を設置した内装であれば大概カフェーと呼ばれていた。西洋料理中心のレストラン風のカフェーもあれば中華料理を得意としていたカフェーもあった。酒類中心の夜から営業するバー風のカフェーもあった。「カフェー」という名称にどこかモダンで新しい雰囲気がしたのであって、もともと何らかの飲食業を経営していれば「カフェー〇〇」と看板を掛け替えてリニューアルすることも簡単にできた。その結果、全国いたるところにカフェーが増え、「カフェー」という言葉だけでは店の

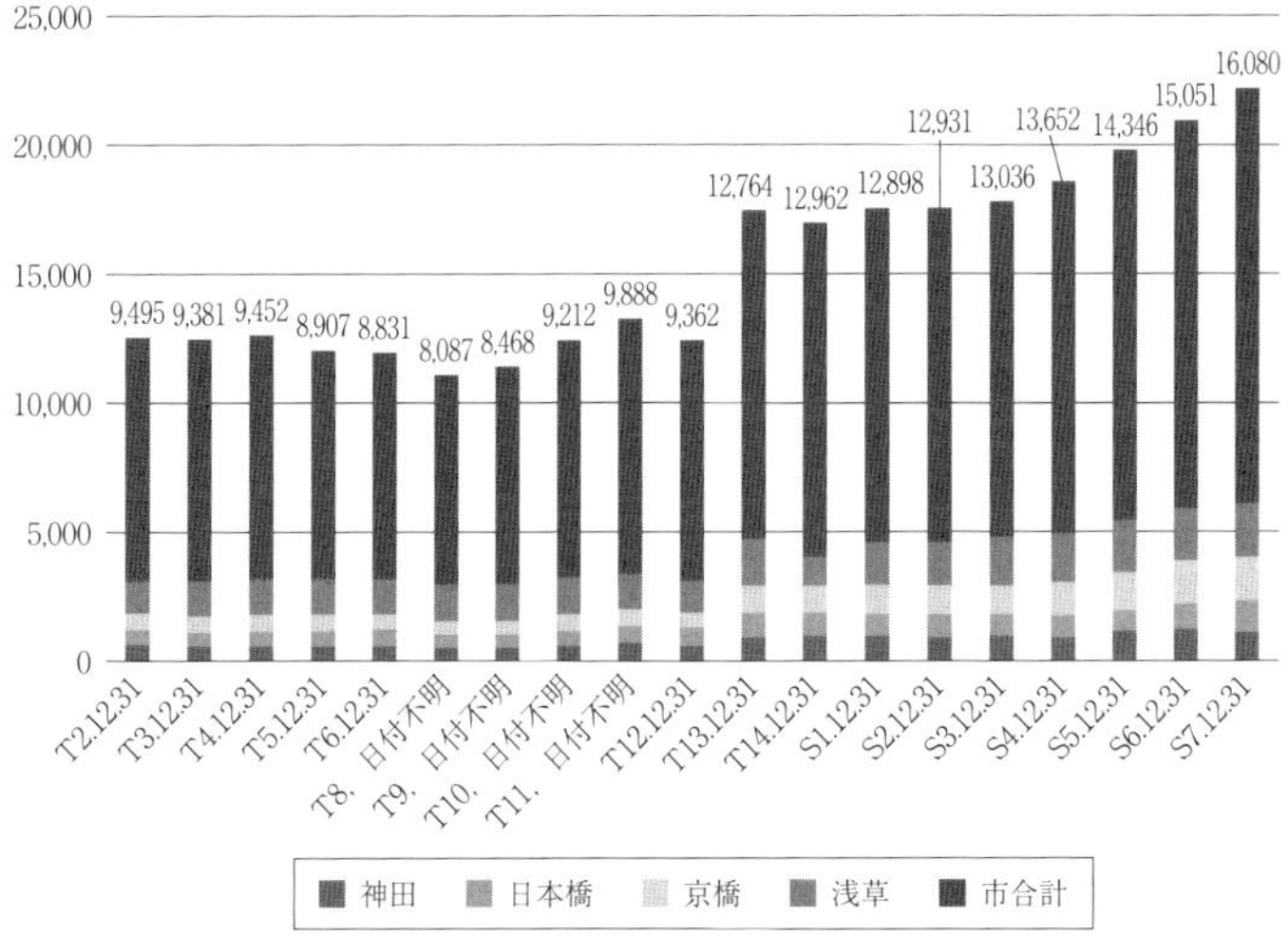

図 3-4　東京市内における「飲食店」店舗数推移

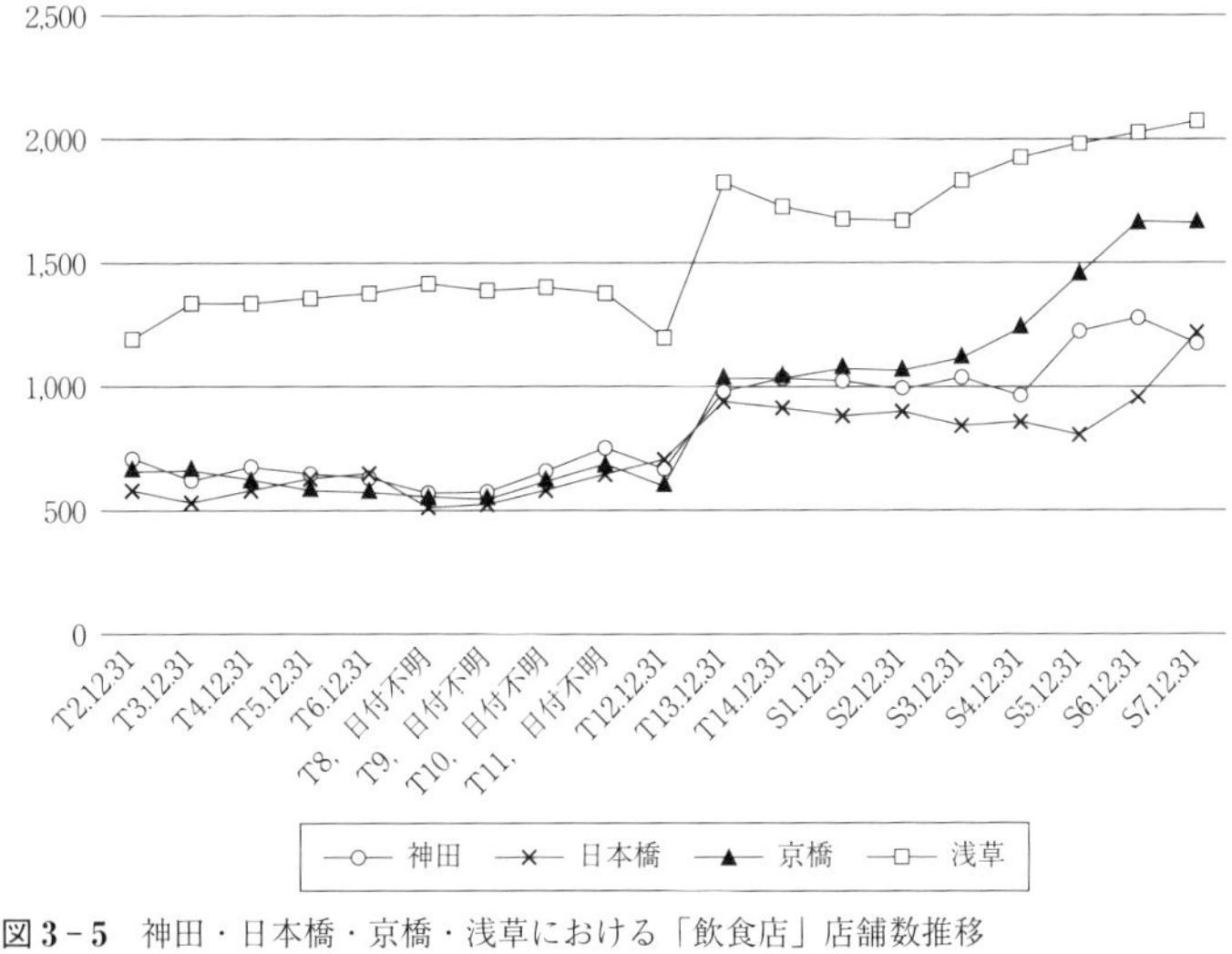

図 3-5　神田・日本橋・京橋・浅草における「飲食店」店舗数推移

システムがよくわからない。このことが、のちに攻略本のごとくカフェー関連の書籍が売れたことにもつながったのであろう。このような時代背景を考えると、「飲食店」数の推移はカフェー数の推移とほぼ同じカーブをたどっていたと考えて差し支えないだろう。

では、カフェーが増えた要因をいくつかの視点で考えてみたい。

まず経営側のニーズで考えてみると、カフェー業態の参入障壁の低さがある。カフェーを開業するためには、専門的な料理人を雇わなくても洋食を中心とした軽飲食とビールなどの洋酒、コーヒーや紅茶を提供し、ラジオか蓄音機、あるいは自動ピアノでBGMを流し、そこに女給がいればよかった。小さな店の開業資金はおおよそ二、三〇〇〇円程度であった[36]。花柳界に新規参入するには組合への加入金や株などの手続きが必要であったが、カフェーの開業ではそのような初期投資がなかったので、震災後の新規事業として始めやすかったのである[37]。

そして、カフェーの参入障壁の低さの重要なポイントに女給の確保が容易だったことがある。なぜ女給の確保が容易であったのかという点を整理してみたい。まず、女給の仕事は特別な技術や知識を必要としていないという点が挙げられる。もうひとつの集めやすさの理由は、その報酬システムにあった。報酬の仕組みは店によって異なるものの、多くのカフェーでは女給の報酬のほとんどがチップ収入だったため、雇う側は採用する際に固定の人件費を支払う必要がなかった。当時のカフェーの店舗構造は二階建てが一般的で、二階の半分を女給部屋にしていることが多い。女給部屋は支度部屋でもあり寝床でもあった。女給には自宅から通う勤務形態と住み込みの両方があった。

女給の報酬は、チップの多寡によるところが大きいため不安定であるが、とりあえずの寝食を確保できること、特別の技術や知識が無くてもよいこと、加えて芸者のように届出をしなくてもよいことから、経済的に困窮している女性たちのセイフティーネットの役割を果たしていた。関東大震災後には多くの女性たちが何らかの仕事を必要とし、女給という選択をした。女給たちの生活実態については、次の章で細かく確認する。

カジュアルに行ける敷居の低さ

カフェーが急増した要因として、客側のニーズにマッチしていたという点も見逃すことができない。座敷にあがる旧来型の料理店は、客はある程度の金額を払う覚悟が必要であったし、それなりの服装でなければ入りにくかった。それに対して、カフェーは飲食代もある程度予測がつき、どのような服装でも入っていけるカジュアルさがあった。たまたま歩いていて新しいカフェーを見つけた時でも、そのままの服装で利用できる気安さが当時のカフェーの魅力だったのである。

特に関東大震災後は、カジュアルなカフェーが急増したという傾向があった。そのなかでも震災で焦土化した神田神保町界隈は、学生向けのカフェー街と化していた。今和次郎編『新版大東京案内』には、「神田の喫茶街の見事な現はれはその必然からである。――そこは晝は喫茶で夜はカフヱ或はバーと變ずる。――かくして彼等一般は教室の講義と、有錢休憩所のジヤズとを等分にきゝ、近代人たる事、享樂を味得しつゝ、生活して行く事の徑程をたどりつゝあるのである」と記されている。[38] 一部の学生は銀座の一流カフェーにも出入りしていたが、多くの学生たちは学校近辺の学生向けのカフェーに通っていた。

関東大震災後、カフェーの乱立は東京のあらゆる街でおこっていた。一流店から場末の店まで、カフェーと一言ではくくることができないほどカフェー業態は膨張し、あらゆる階層の男性が、自分が通いやすい店を見つけ出すことができるようになった。その一方で、カフェーの経営実態がピンからキリまで店により異なっていたことで、女給たちの待遇も格差が大きくなっていったのである。次章では、関東大震災後の女給たちの生活がどのようなものであったのか、その実態を確認する。

(1) 大日本雄弁会講談社『大正大震災大火災』一九二三（大正一二）年、三三―四六頁。
(2) 前掲、『大正大震災大火災』、四五―四六頁。
(3) 前掲、『大正大震災大火災』、二〇七―二一二頁。
(4) 前掲、『大正大震災大火災』、二〇八―二〇九頁。
(5) 前掲、『大正大震災大火災』、二一一頁。
(6) 今和次郎・吉田謙吉編著『考現學採集　モデルノロヂオ』建設社、一九三一（昭和六）年、一三―一四頁。引用文中にある銀座の風俗調査「一九二五初夏　東京銀座街風俗記録」は今和次郎・吉田謙吉編著『モデルノロヂオ　考現學』春陽堂、一九三〇（昭和五）年、一頁―六六頁に収録されている。
(7) カフェー・キリンの外装は、銀座ブラの常連である廣津和郎から見るといささか物足りなかったようである。カフェー・キリンについて「書間見ると、その裝飾の美しさと奇拔さとが愉快だつたが、夜になると眞暗になつて、折角の裝飾繪もよく見えなかつた。これは裝飾した畫家達が、書間ばかりを考へて、夜の事を忘れてゐたらしい」と述べ、銀座で夜遊びをしていたカフェーの常連客たちの間でこのような話題がでていたと回想している。（廣津和郎「銀座と淺草」『中央公論』一九二七（昭和二）年四月号、一三七頁）。

(8) C記者「復興商店見物記」『商店界』一九二四（大正一三）年一月、一一一頁。

(9) 前掲、C記者「復興商店見物記」、一一一頁。

(10) 廣津和郎「銀座と淺草」『中央公論』一九二七（昭和二）年四月一日、一三七—一三八頁。

(11) 銀座社『銀座』創刊号、一九二五（大正一四）年五月一日発行、一頁。

(12) 松崎天民「銀ブラ64　舊い銀座人　昔の銀ブラ人種」『中央新聞』一九二六（大正一五）年一一月一八日夕刊、二頁。

(13) 同書は現在銀座研究の基礎文献となっているが、銀座の復興を読み解く史料としては、新聞に掲載された日時が重要なヒントになっているため、本書では初出の新聞記事を引用する。なお『中央新聞』に掲載されている松崎の連載コラム「銀ブラ」は国立国会図書館で閲覧することができる。

(14) 銀座六丁目町会『銀座六丁目小史』一九八三年、六八頁。株式会社松屋『松屋百年史』一九六九年、一八〇頁。

(15) 龍池令宣『虚栄殿堂大百貨店物語』国際商工聯盟會、一九三〇（昭和五）年、一二三頁。

(16) 銀座社交料飲協会『銀座社交料飲協会八十年史』二〇〇五年、六頁。

(17) 松崎天民「銀ブラ24　煽情的空氣　タイガーの女給」『中央新聞』一九二六（大正一五）年九月二二日夕刊、二頁。

(18) 前掲、松崎天民「銀ブラ24　煽情的空氣　タイガーの女給」。

(19) 「銀座行進曲」（昭和三年、作詞：正岡容、作曲：塩尻精八）扨ても銀座はプラタン並木／夏の葉がくれあの人ゆけば／白いパラソル花が散る／国貞えがく乙女もゆけば／華宵ごのみの君もゆく／宵の銀座のオルゴール／タイガー女給さん文士がすきで／ライオン　ウエイトレス　レデイ気取り／クロネコ乙女はおしゃれもの／銀座裏河岸新内流し／金と紅との銀座シネマ／金春芸妓の仇姿／柳枯れても銀座は銀座／ひとり歩めど君は君／銀座懐し恋のまち（中野日出男編著『銀座年鑑』銀座タイムス社、一九五四年、一六一頁より）。

(20) 酒井眞人『カフエ通』四六書院、一九三〇（昭和五）年、八二―八三頁。

(21) 前掲、酒井眞人『カフエ通』、五六頁。カフェーアメリカが改称してオリエントとなった。

(22) 林芙美子『林芙美子全集 第二巻 放浪記』新潮社、一九五一（昭和二六）年、一八九頁。日記の日付は「三月×日」とだけあり、大正末期であることはわかっているが正確な年号は不明である。

(23) 今和次郎編『新版大東京案内』中央公論社、一九二九（昭和四）年、一五五頁。

(24) 松崎天民「銀ブラ51 浪花節の夕 紅葉デーの初夜」『中央新聞』一九二六（大正一五）年一〇月二九日夕刊、二頁。

(25) 岡田三郎「五十年後のカフェ」『女性』プラント社、一九二六（大正一五）年六月号、八六頁。

(26) 松崎天民「銀ブラ35 享樂者の群 土曜から日曜へ」『中央新聞』一九二六（大正一五）年一〇月五日夕刊、二頁。

(27) 福田育弘は、関東大震災後に飲食業態別に客の性別に偏りが出てきたことを「飲食のジェンダー化」であると指摘している。

(28) 松崎天民「銀ブラ59 男から男へ 銀座女人傳の二」『中央新聞』一九二六（大正一五）年一一月一一日夕刊、二頁。

(29) 宇野浩二のこと。

(30) 廣津和郎「銀座と淺草」『中央公論』一九二七（昭和二）年四月一日発行、一三六―一三七頁。

(31) 酒井眞人「カフエ廻り十二軒」『中央公論』一九二七（昭和二）年四月一日発行、一二五―一二六頁。

(32) 前掲、酒井眞人「カフエ廻り十二軒」、一二五頁。

(33) 酒井眞人「カフエ萬年候補」『女性』一九二八（昭和三）年五月号、一一一頁。
(34) 例えば、明治神宮前からは二七分、上野公園下からは二六分、神保町からは二五分などと交通案内情報のように東京市内の一〇七カ所からの所要時間が列挙されている。そのなかで最も時間がかかる場所は「大塚終点」の四七分である。松崎は、銀座の強みは東京の中央に位置するという点であると力説している。また、銀座は終電が遅くまで走っているという点からも銀座の夜の利便性を伝えている。（松崎天民「銀ブラ19　歡樂の夜色　銀座から終電車」『中央新聞』一九二六（大正一五）年一一月一六日夕刊、二頁より）。
(35) 松崎天民「銀ブラ19　歡樂の夜色　銀座から終電車」『中央新聞』一九二六（大正一五）年一一月一六日夕刊、二頁。
(36) 「カフヱー、バー、レストランの概觀」中央職業紹介事務局『職業婦人調査　女給』一九二六（大正一五）年、一七三頁。
(37) 前掲、「カフヱー、バー、レストランの概觀」、一七三頁。
(38) 前掲、今和次郎編『新版大東京案内』、二八一頁。

第四章　震災後の女給たちの生活実態

1　「女給」という職業への関心

「女給」という言葉の定着

カフェーが急増するとともに注目を集めるようになったのが女給という職業である。女給の浸透は、言葉の定着にも表れている。関東大震災前まではカフェーで働く女性給仕人は「女給仕」「女ボーイ」「ウェイトレス」「カフェーの女」という言葉が用いられていたことは、既に述べた。震災前の「女給」という言葉の意味は、会社の受付兼お茶くみ係や、映画館や劇場の案内係のことも指していた。ところが震災後になると、女給という言葉が、カフェーの給仕係のみを指す言葉として使用されるようになっていった。

一九一九（大正八）年に刊行された『訂正増補 新らしい言葉の字引』（實業之日本社）では、女給という言葉について次のように説明されている。

【女給】女給仕の略稱。活動寫眞館の女手引。切符賣。(1)

一九一九（大正八）年時点では、女給という言葉はカフェーの女性給仕という意味よりも、活動写真や劇場で働く案内係という意味で使用されることが一般的であった。ただし、カフェーの給仕のことを女給と呼ばなかったというわけではなかったようで、同書のウェイトレスの欄には、「女給仕人。（「女給」「女ボーイ」参照）[2]」と書かれている。

同辞典が一九二五（大正一四）年に改訂され『大増補改版　新らしい言葉の字引』（實業之日本社）が刊行されると、「女給」という言葉の説明が変化する。

【女給】女給仕の略稱。多くカフェーの女。また、活動寫眞館の女案内人及び切符賣。[3]

一九二五（大正一四）には「女給」という言葉がカフェーの女性給仕を指す言葉として定着していたことがわかるが、この時点ではまだ他の職業の意味も含んでいた。

東京市社会局が一九二五（大正一四）年に発行した『婦人自立の道』では、飲食店の給仕係を指して「女給」という言葉が使用されている。同書は女性の職業にどのような選択肢があるのかについて細かく記されている就職の手引書である。タイピストや事務員に関する紹介が中心となっており、女給の扱いはほとんどないが、女性の職業を収入別に区分している部分では女給についても言及されている。同書では、女性の職業が次のように、「知力を主とするもの」「体力を主とするもの」「技術を主とするもの」に分類されている。[4]

《知力を主とするもの》教師、醫師、薬剤師、記者、著述家、作家、事務員、ガイド、探偵

《体力を主とするもの》女工、女中、派出婦、車掌、運轉手、女給、モデル

《技術を主とするもの》歯科醫、按摩、産婆、看護婦、タイピスト、速記者、交換手、製圖手、美容術師、髪結

《いずれの分類にも属すもの》女優、美術家、音樂家、遊藝師匠

この分類によると、女給は体力を主とする仕事となっている。特別な知力や技術を必要としない、体だけが資本の職業という理解であろう。さらに同書では、職業を収入別に上中下と分けている。分ける根拠は調査に基づいたものではなく「推定により區分した」[5]とあるが、当時の世間一般の認識として参考になる。上中下の区分は、「經濟的獨立の出來る階級を中の部とし、それ以上を上の部とし六十圓以下を下の部」[6]とすると記されている。上と中の区分は曖昧であるが、月収一二〇円以上が上の部になっている。また、当時の基準として月収六〇円以下は低収入と見られていたことがわかる。同書による職業婦人の上中下は次の通りである。[7]

《上の部》醫師、著述家、音樂家、美術家、女優、活動女優、歯科醫、作家、美容術師、教育家、髪結、遊藝師匠、産婆、自動車運轉手、寫眞師

《中の部》中等教員、ガイド、薬劑師、記者、按摩、モデル、速記者、探偵、外交員、女中（料理店・旅館）、女給、車掌、官公吏、小學教師

《下の部》タイピスト、事務員、圖書館員、製圖手、看護婦、保母、傳道師、製絲教婦、交換手、店員、派出婦、女中（家庭）、女給（演技場案内人、出札係）、女工

注目したいのは、「女給」という言葉が二ヵ所で使用されていることである。中の部の「女給」はいわゆるカフェーの女給のことで補足説明はない。下の部では「女給（演技場案内人、出札係）」と補足説明がある。当時はまだ女給という言葉が映画館や劇場の受付案内係としても使用されていたが、この時期を境にして「女給＝カフェーの女性給仕人」という意味が一般化されていったことを示している。

雑誌の「女給」特集

女給という職業への注目の高さは、雑誌の特集記事からもうかがえる。震災の二年後、一九二五（大正一四）年頃から女給がどのような仕事なのかという視点での雑誌記事が散見されるようになる。『婦女界』一九二五（大正一四）年三月号ではF記者による「カフエーの女給となつた二日間」という潜入ルポが掲載されている。F記者は最初に銀座のカフェー二軒で面接を受けたものの採用にならず、続いて両国で面接したがこちらも採用にならず、四軒目の神楽坂のカフェーで採用となった。記事には二日間の体験が報告されているが、エプロン姿を鏡で見たときの心境を「こんな姿を親に見せたら、それこそおい〳〵泣き出すであろう、と思ふと何だか情ないような気がして来て、つひ目頭の熱くなるのを覚えたけれど、ぢつと我慢してわざと笑顔に紛らした」(8)と記している。この潜入ルポは

Ｆ記者が社内の記事コンテストに参加するために自ら挑んだものであったが、それでもエプロンを付けることは屈辱的だったようだ。

『中央公論』一九二五（大正一四）年七月号では「學生のカフエー入りとカフエー女給の研究」[9]という特集が組まれ、学生がカフェーに通うことに関する是非について複数の論考が掲載されている。ここでの議論については、後ほど確認する。

『アサヒグラフ』の一九二五（大正一四）年一二月二三日号「カフエー女給さんの二十四時間」では、女給の一日密着レポートが掲載されている。一九二五（大正一四）年に掲載されたこれらの三つの雑誌記事に共通しているが、「カフェー女給」という言葉の使い方である。「女給」というだけではまだカフェーに限定されないものの、カフェーの女性給仕たちを指して「女給」と呼ぶことが浸透していたことがわかる。

では『アサヒグラフ』の女給密着レポートの内容を確認してみよう。この記事に登場するのは、よし枝さんという通いの女給である（図4－1）。母親らしき人に挨拶をして家を出るところから密着がスタートする。よし枝さんは乗合自動車で銀座二丁目まで行き、勤め先のカフェーKに入る。店に入ると、カフェーの制服である小豆色の着物に着替え、まずは割烹着をつけて開店準備をする。開店時には割烹着をエプロンに替えている。店はランチタイムとともに開店し、四時ごろになると一日落ち着くが店はそのまま夜まで営業を続ける。カフェーのピークタイムは夜になってからである。夜になると電飾がつき、店内ＢＧＭは自動ピアノのようだ。夜の一一時の鐘が閉店の合図となり客が店を出る。よし枝さんは急いで終電間際の電車に乗り帰途に就いた。以上がよし枝さんの日常である。同記事では、ひとつの職業として淡々と一日の業務が紹介されている。

つづいて、『中央公論』の「學生のカフエー入りとカフエー女給の研究」でどのような議論が展開されていたのかを確認しよう。論考を寄せたのは、宇野浩二、小川未明、谷崎精二、長田秀雄、豊島與志雄の五名である。そのうち、意見の異なる三名の言説を引きたい。震災前からカフェーに通い詰めていた宇野浩二、女給の社会的立場に同情的な小川未明、女給の増加を煩わしいと感じていた豊島與志雄の三名である。この三者の意見は、当時の女給をめぐる様々な見かたを代表しているように思われる。

図４－１　カフェーで接客中のよし枝さん（『アサヒグラフ』の1925年12月23日号より）

まず、カフェー常連の宇野浩二である。宇野浩二の論考のタイトルは「カフエー今昔」である。宇野は頻繁にカフェーに出入りをしていた文士のひとりであった。宇野はこの論考で、自分が学生時代に大阪にも「パウリスタ」という名前のカフェーがあり、東京の「パウリスタ」とは経営が別であることを述べた後、その店の女給について言及している。大阪に関する記述であるが、昭和初期の女給ブームにつながる証言が含まれている。

東京のパウリスタは悉く男の給仕だつたが、大阪の方はそれが女だつた。もつとも、その頃の女給には今日の女給のやうな、どこか新味のあるハイカラさなどはなかつた。殊に場所が大阪だつたから、藝者と女中と合の子のやうなもので、唯年の若いのが取得ぐらゐのものだつた。だが、藝者や女中とは縁の遠い我々貧乏學生にとつて、五錢の珈琲を飲みに入つたら、女と話が出來るといふだけでも十分歡迎すべき價値があつた。藝者が紳士や若旦那の友で、女中が職人や番頭の友なら、こゝに現れた女給はたしかに我々學生の友だといふ氣がした。(10)

宇野が大阪で過ごした頃というと、一九一二(明治四五)年頃のことを回想していると思われる。カフェーが登場したばかりの時期、学生にとって女性と会話ができる場所がいかに貴重であったのかがわかる。しかしこの話には続きがある。大阪のパウリスタの経営が他に移ってしまうと、女給たちが新しい経営者の妾になっていたようなのだ。

初代のパウリスタが他の經營者に讓られると共に、前の時代の女給の中での主な、美人の女給たちは大方姿を消してしまつた。(中略)後で聞くと、その二代目の經營者たち(株式組織だつた)の主なものが、みんなそれ〴〵籤を引くやうにして(屹度價が安かつたらうから、)妾にしてしまつたといふのである。(11)

宇野は彼女たちを不憫に思っていたようだ。今後は女給たちが強制的に貰われていくことが無いようにと願い、この論考を「カフエーよ、益々榮えなさい。女給よ、益々奇麗になりなさい(12)」という言葉で終わらせている。宇野にとって、カフェーが増えることも女給が注目されることも歓迎すべき現象であった。

次に、女給嫌いを代表する意見として、豊島與志雄の言説を確認したい。論考のタイトルは「カフエーの分科」である。女給目当ての人が集まる店と静かに寛げる店を分けるべきだという主張である。豊島は本当に女給が嫌いなようで、女給を「蠅」に例えている。

街路の休息所たる凡てのカフエーの中に、蠅を飛び廻らせるには及ばない。然しながら、身心ともに強健な、そして情意ともに貪慾な、多くの若い學生にとつては、街路の休息所などゝいふ老人ぢみた退嬰的なカフエーは、必要でないかも知れない。蠅の群の中に身を投じて踊りはねることが、愉快でもあれば有効でもあるだらう。（中略）そこで、カフエーの分科が肯定されてもよい。それはたゞに學生にとつてばかりではなく、一般のカフエー出入者にとつて便利である。(13)

「蠅」という表現には強い嫌悪と侮蔑が表われている。その一方で、寛げるカフェーの必要性を説く豊島の意見は、ある意味では未来を予見している。やがて法律によって、女性による接客を主とする「特殊飲食店」と飲食を主とする「普通飲食店」に分けられる時代が来るからである。豊島のように女性による接客を疎ましく思っていた人の存在も忘れずにおく必要があるだろう。女給が侮蔑の対象となっていたこともひとつの事実なのである。

最後に、小川未明の言説を確認したい。論考のタイトルは「カフエーの女に對する哀感」である。

小川は女給を「無産階級」という立場の女性として見ていた。

すべてに於て、客を相手にする女達は、たゞ受動的な地位に置かれてゐるにすぎません。要するに、彼女達の家庭が貧しかつたがために、他の有産者の家庭にある娘達のやうに、上品であり堅實である生活の道が踏めなかつたのによるものです。カフエーの女給はかうした、無産階級の娘達です。(14)

小川は、彼女たちが女給という職業を選んだ理由は、家庭が貧しかったからであるという点を強調している。さらに小川は「正當の報酬する要求をせずに、客の思召で金をもらふこと(15)」を問題視している。女給の収入のほとんどが客からのチップであるために「享樂階級の附属物」となってしまったと指摘している。実際に女給たちの報酬がどのようになっていたのかについては後ほど確認するが、小川の言葉には当事者に寄り添ったものが多い。

かりに、彼女等の仕事が、客の煙草にマッチを摺つて、火を點ずるためであり、戯談の相手となるためであり、唄をうたふためであつても、職業たることにはちがひありません。(16)

小川は女給たちを労働者として見ていた。小川の労働に対する深い洞察が、当時の女給たちに向けられた「是か非か」という議論と一線を画していたのである。

2　行政の大規模調査からわかったこと

「職業婦人調査　女給」の概要

震災後のカフェーの急増に伴い、女給は職業としても無視できない存在になっていた。行政による女給の実態に関する本格的な調査が一九二五（大正一四）年の夏に実施され、その報告書が一九二六（大正一五）年に刊行されている。中央職業紹介事務局による『職業婦人調査　女給』である。この調査は女給に関する唯一の大規模かつ定量的な調査であり、女給研究においては最も重要な史料である。[17]

調査目的はもちろん震災後に急増した女給の実態を知ることであるが、その背景には学生がカフェーに入り浸ることを問題視していた風潮があった。「調査目的」には次のような記述がある。

幾多の新しき婦人職業の中に於ても女給と言ふ職業は數年來急激なカフヱーの增加繁榮にまかせて非常なる發展を示し、經濟界不況のどん底に沈む時と雖も益々增加する狀勢にある。此のカフヱーの發展は現代の浮華輕佻の社會相の反映であると言ふ人もある。此の言葉は或ひは誇大に過ぎるとは謂へ不良少年、學生の多くの犯罪が此のカフヱーを背景に頻々として起りつゝあることは事實である。之れ實に當面の重大なる社會問題にして警察當局のこの方面の取締に意を用ふるのは寧ろ當然と言はねばならぬ。[18]

関東大震災後のカフェーの乱立とともに「女給」という職業を無視できなくなっていたのである。カフェーと呼ばれる業態の範囲は曖昧で、「女給」とひとことで言っても、高級レストランなのか庶民的な居酒屋なのか、一等地なのか場末なのかで働き方は異なっていた。女給の実態を掌握することは行政の課題となっていたのである。

調査は東京と大阪の警察署を通じて実施された。警察署が管轄地域内のカフェーに調査票を配布するという方法である。当時飲食店の営業許可を出すのは警察署であった。東京では、管轄区域内に盛り場を有する一九の警察署が対象となった[19]。銀座地区の管轄は二つの警察署に分かれており、銀座一丁目・二丁目は北紺屋署、銀座三丁目から出雲町（現在の銀座八丁目）までは築地署の管轄であった。

調査票は無記名で直接投函する方法で回収されたため多くのデータが集まった。東京市では一、六七〇件、大阪市では一、一一五件の回答が集計された。調査票の項目は次の通りである。

「職業婦人調査票」

■勤務先
・所は
・屋号商号等
・住込です／通勤です

■年齢
・明治　年　月　日生（数え年　歳）

■身上に関して

・お両親は（当たったものに○印をつけて下さい。相当しない方は別に御記入下さい。）
実父母健在／実父だけ／実母だけ／実父母なし／継父母です／実父継母です／実母継父です／養父母です／養父だけ／養母だけ

・お兄弟姉妹は幾人ですか

・お生になった所は

・主としてお育ちになつた所は

・東京／大阪においでになったのは（　年　月頃です）

・どういうわけで上京、上阪、なさいましたか

・現在の職業に就くまでは何をしておりましたか

・初めて現在の職業に就かれたのは（　年　月頃です）

・どういうわけで現在の職業に就かれましたか

・勤め先を何回変えられましたか

・この家（※店のこと）には何時から勤めておられますか（　年　月頃です）

■現在の生活状況

・朝起るのは（午前　時　分頃です）

・夜寝るのは（午前／後　時　分頃です）

・毎月の収入は（給料　円、チップ〔貰い／祝儀〕　円位です））

・毎月の支出は

（毎月何円位不足を感じます、毎月何円位余裕がありますからそれを貯金又は保険に入れますというように記して下さい）

（大抵どんなことに費やされますか、主な項目について書いて下さい）

■希望感想

・今の職業について良いと思うこと弊害と考へることその他の希望や感想を詳細に書いて下さい

・あなたの将来についてどんなお考えを持っておられますか、真面目に考えて書いて下さい

質問項目からは既に当時のバイアスが見てとれる。「身上に関して」の質問項目は、女給が未婚の女性であることを前提としており、親・兄弟・姉妹の質問はあるが、配偶者や子どもに関する質問がない。しかし、調査の結果から有配偶者が一定数含まれていることがわかった。報告書には「女給の配偶關係は調査に取りかゝる當初は餘り問題にしなかつた。何となれば女給と言へば若い虛榮心の强い女の筋肉勞働よりは寧ろ容色を賣る職業の様に考へた爲有配偶者等は實質は兎も角形式よりはないものとして特に調査項目に加へなかつた[20]」と記されている。この調査で家族を支える女給たちの存在が明らかになったのである。

女給の収入と意外な生活実態

報告書では調査結果が項目ごとに集積されており、東京市と大阪市の集計が示されている。ここでは東京市または京橋区の主な傾向を確認することにする。

まず、年齢（数え年）について、東京市の結果は表4－1の通りである。

表4－1
女給の年齢
（東京市）

年齢	人数
13歳	2
14歳	7
15歳	21
16歳	55
17歳	124
18歳	186
19歳	256
20歳	163
21歳	217
22歳	155
23歳	148
24歳	79
25歳	56
26歳	36
27歳	23
28歳	12
29歳	22
30歳	12
31歳	5
32歳	6
33歳	5
34歳	5
35歳	5
36歳以上	20

女給の年齢は一七歳から二三歳が中心であることがわかる。調査票が牛鍋屋の女中などにも回ってしまったため、年齢の高いところにも分布しているが、女給の年齢としては二〇歳前後に集中していると考えてよいだろう。比較のために、京橋区（築地署・北紺屋署）の回答を示す（表4－2）。

表4－2
女給の年齢
（京橋区）

年齢	人数
13歳	0
14歳	0
15歳	1
16歳	2
17歳	9
18歳	17
19歳	28
20歳	25
21歳	35
22歳	17
23歳	20
24歳	9
25歳	4
26歳	1
27歳	0
28歳	1
29歳	1
30歳	0
31歳	0
32歳	1
33歳	0
34歳	0
35歳	0
36歳以上	1

京橋区内は東京市全体と比較して、二〇歳前後の年齢への集中度合が高いことがわかる。京橋区の女給は若すぎても年増でも似つかわしくないようだ。

女給になった理由について尋ねた項目は、東京市では一、六七〇人中、一、五〇五人が回答し、一六五人が不明となっている。報告書の回答分類が「家計補助」「家庭の事情」「自活のため」など違いがわかりにくいため、大きく「やむを得ない事情」と「自ら進んで」と「どちらとも判断できない」に分けてみた（表4－3）。

筆者による分類では、「やむを得ない事情」で女給になった人が全体の五八％を占めている。そのなかの「震災のため」という理由が眼をひく。その一方で、自ら進んで女給という職業を選択したと思われる回答が全体の九％となっている点にも注目したい。とくに「同業開店したきため」という理由は、女性でありながらも将来店舗経営者をめざしている人が一定数いたということである。「修養のため」という回答は、おそらく日比谷署管内の高級西洋料理店に勤める女給の回答ではないだろうか。カフェーやバーの女給が修養目的であったとは考えにくい。

次に、勤務形態が住込みか通勤かについて確認してみたい。まずは東京市全体の調査結果を示すと、一、六七〇の回答のうち、九三九人が住込み、二三五人が通勤、四九六人が不明であった。[21]回答した一、一七四人の約八割が住込みである。生活に何らかの事情を抱えた若い女性たちにとって、寝る場所と職を同時に獲得できるのが女給だったのである。京橋区築地署・北紺屋署に限ってみると、住込み八七人、通勤四六人、不明四一人、合計一七四人である。東京市全体と比べて、通勤者の割合が大きいことがわかる。

つづいて収入について確認する。女給の収入は固定給とチップに分けられるが、まず総額の月収入について見てみよう。参考までに、前述の東京市社会局編纂『婦人自立の道』で示されていた上中下の基準では、月収一二〇円以上だと上の部類、月収六〇円以下だと下の部類という基準だったことを

表4－3　女給になった理由

筆者の分類	報告書の分類	回答数	比率（%）
やむを得ない事情	震災のため	74	58
	家計補助	505	
	家庭の事情	139	
	扶養のため	71	
	自活のため	62	
	一時的生活のため	33	
	他の職なきため	66	
	無職のため	11	
	離婚のため	12	
	男にだまされて	1	
どちらとも判断できない	収入多きため	153	23
	嫁入支度のため	79	
	学費を得るため	16	
	手伝いのため	55	
	人に勧められて	21	
	労働を嫌いて	20	
	姉妹や友達がつとめているので	3	
	丙午生を悲観して	1	
	失恋のため	5	
	別に理由なし	33	
自ら進んで就業	同業開店したきため	54	9
	修養のため	8	
	好奇心により	77	
	都に憧れて	6	
不　明	不　明	165	10

思い出しておきたい。東京市では一、六七〇人のうち一、五五二人から回答があり、一一八人が不明であった（表4－4）。

表4－4　女給の収入（東京市）

収入	人数	割合（%）
10円以下	40	2.6
20円以下	190	12.2
30円以下	375	24.2
40円以下	306	19.7
50円以下	252	16.2
60円以下	145	9.3
70円以下	76	4.9
80円以下	61	3.9
90円以下	36	2.3
100円以下	34	2.2
150円以下	32	2.1
200円以下	4	0.3
300円以下	1	0.1
	1552	100.0

回答のあった一、五五二人のうち、低所得の目安となる六〇円以下の人が一、三〇八人おり、約八四%を占めている。しかも三〇円以下の人が全体の約三九%もあった。この結果について報告書では「豫期に反して少額なる感がある」[22]とある。女給の生活は、はたから見ると華やかそうであっても、実際には厳しい生活を強いられていた。それでも寝場所を得ることができるため、生活に困窮しているものにとって女給の仕事にはメリットがあった。収入の多寡は中心街か場末かによって差が出る項目である。ちなみに最も高い収入を回答したのは、吉原のある日本堤署であった。では、京橋区（築地署・北紺屋署）の回答を比較してみよう。京橋区（築地署・北紺屋署）では一七四人のうち一五六人から回答があり、一八人が不明であった（表4－5）。

京橋区の女給たちは、低所得者の目安である六〇円以下の人が回答者のうちの約八一%を占め、東京市全体とそれほど大きな差はない。三〇円以下の人は回答者の約二四%で、こちらは東京市全体に

表 4-5　女給の収入
（京橋区）

収入	人数	割合（%）
10円以下	1	0.6
20円以下	8	5.1
30円以下	29	18.6
40円以下	20	12.8
50円以下	49	31.4
60円以下	20	12.8
70円以下	8	5.1
80円以下	9	5.8
90円以下	1	0.6
100円以下	1	0.6
150円以下	10	6.4
200円以下	0	0.0
300円以下	0	0.0
	156	100.0

比べて少ない。京橋区では極端に低収入の女給は少ないことがわかる。また一〇〇円を超える収入を得ている人の割合が六・四％である点も京橋区の特徴である。銀座を抱える京橋区の女給は、他の地域と比較して好条件ではあるものの、低所得に属する人がほとんどであることに変わりはない。

では次に、固定給とチップの割合を確認してみよう。東京市全体のうち固定給ありと回答した人は五五三人で全体の約三三％である。つまり約六七％の女給がチップ収入だけを頼りに生活している。京橋区（築地署・北紺屋署）でみると、固定給ありの回答は全体の約三一％である。やはり京橋区の女給も、収入の多くをチップが占めていることがわかる（表4-6）。東京全体でみても京橋区でみても、固定給ありと答えた人の内容を見ると一〇円以下が最も多く安定した収入を確保できていないことがわかる。

報告書では支出の項目のうち、被服費に掛ける金額や貯金額、郷里への仕送りなどがまとめられている。項目別の詳細は割愛するが、支出の全体傾向について概説している文章からは、当時女給たちがどのような目で見られていたのかという外からの視線と生活実態にズレがあったことを読み解くこ

表 4-6 固定給の有無でみる女給の収入

（単位：人）

	東京	京橋
3円以下	144	12
10円以下	204	22
20円以下	95	8
30円以下	80	6
40円以下	13	0
50円以下	9	2
50円以上	8	0
固定給あり合計	553	54
固定給なし	1117	120
回答数合計	1670	174

とができる。報告書には次のように記されている。

女給が華美な商賣である點等から見て、女給には堅氣の者少なく汗水流した勞働に依つて得た收入ではないから、凡てつまらぬ方面に使用さるゝように考へらるゝが、中には意外にも眞面目であつて自ら使用する額は極めて少なく努めて節約を行ひ貯金を爲し、不時の準備とする者もあれば、郷里へ送金して家財を増し、或は父母親戚の家計を手助けこれを慰むるものあり、又日々の收入を直ちに家庭に入れて生活費を供し或ひは自己の收入にて全く一家を支へてゐるやうな者も相當多數あるやうである。[23]

女給たちはカフェーでの接客にふさわしい華やかな着物や化粧を要求されるが、その費用は自己負担であった。華やかな外見から、贅沢をしたいという自分勝手な欲望で女給という職を選ぶのだろうと見られることが多かったようだが、実際には生活費を工面するためにつましい暮らしをしていた女給が大半であった。それは収入額が予想より少なかったという点にも現われている。生活のためにやむを得ず女給という仕事を選択したという女性が圧倒的多数だったのである。

女給たちの赤裸々な声

これらの生活実態をふまえ、「職業婦人調査」の「希望感想欄」の回答を確認してみたい。東京の一、六七〇件の回答のうち、「希望感想欄」に回答があったのは一、一七五件であった。「希望感想欄」は自由記入欄である。ところが調査報告書ではこの回答が定量調査の結果であるがごとく数量化されてしまっている。ただし、報告書の本文には調査票の具体的な記入を紹介している箇所が散見される。そこで、貴重な当事者の声として、その具体的な回答を抜粋して紹介したい。なお報告書で東京と大阪を別々に報告している場合は、東京の回答のみを抜き出した。

まず、女給という職業に就いた理由について記されているものは次の通りである。


「夫が震災で打撃をうけたので其の回復發展を速やかならしむ一助にと」

「父は病氣で仕方なしに給料の多い女給生活を選んだ」

「父は事業に失敗する、それに運悪く病氣になつて如何とも仕方なく女給になつた」

「兩親が死亡して兄一人しかない。少しでも兄のため手助けをしたい」

「不景氣な夫の仕事がなくなり生活費に不足を來し仕方なく」

「國に殘して在る一人の母に安心させるために送金したさに」

「夫に死なれ、子供を養育するに困るから此の職に就いた」

「某官廳の事務員に雇はれてゐたが父は娼妓になれと言つて役所の方は止めさせられた。而も二人の姉は皆娼妓になつてゐるのに又々自分に娼妓になれと言ふので、仕方なしに家出をして女給になつた」

「女學校まで卒業して女給する私は妹を高級の學校に進ませたい爲と母に樂をさせたい爲です」

「自家生計補助の爲並びに自分將來の安住を東京に需めたかつたからです」

「不景氣と就職難で、今迄ミシン掛をやつてゐたが仕事がなくなり、又他に良い職がないので手つ取り早く容易に就職が出來て其の上多分のお金になる女給になつた」

これらの発言から、彼女たちの多くが家族の生活を支えるために女給という職業を選んでいたことがわかる。なかには家出をして身寄りのない者が自活のために女給を選択していた事例もあった。

次に、女給という職業の問題点について言及している回答を抜き出してみる。

「女給をしてゐると段々ダラシなくなる。時間は不規則、從つて食事時刻も一定せず、女の心得おかなければならない裁縫も出來なければ、洗濯も出來ない、女のやらなければならない事が段々出來なくなり自然フシダラとなる之が最も惡い。早く止めて堅氣の仕事に就きたい」

「女給と言ふと直ぐに卑しい目で見られる」

「幾ら眞面目に働いても、一、二不行跡者のあるために此種職業にあるものは比較的不眞面目だと評されるを嘆かないではゐられない」
「多數の異性に交るから意思を強固に持つ事が難かしい」
「場合によつては魂迄賣らなければならないと悲しんでゐる」

女給という仕事の問題点には、生活が不規則でだらしなくなるという面と、客や世間から卑しい眼で見られるという二つの点が挙げられていた。
反対に、女給という職業の利点について言及している回答としては、次のようなものが記載されている。

「(店の）主人が厳格だからよい」
「喫茶店だからよい」
「多くの者と交際が出來、社會の狀況が判明するからよい」
「男の心理が判るからよい職業」
「誘惑の多い悪い職業だが心掛け一つで決して悪くない良い職業」
「教育のない人で筋肉勞働に堪えぬ女にはよい職業」
「厳然たる婦人の職業と解して從事せば收入も相當にあり、數年間の努力によつて相當必要の蓄財も出來將來世に立つ第一歩の基礎が出來ると考へます」

女給という職業の利点としては、技術や学歴がなくても就業できるという部分と、店の環境や本人の心がけ次第では割の良い仕事であるという点が挙げられていた。これらの回答からわかることは、女給という仕事が世間からは厳しい目が向けられていたものの、生活に困窮した若い女性の受け皿として機能していたという実態である。

つづいて報告書では、女給たちが自分の将来についてどのように回答していたのかが紹介されている。大半が結婚を望むと回答していたが、女給以外の職に就くことを目指している人もあったと報告されている。ここでも報告書のなかで紹介されている具体的な回答のなかから、結婚以外の将来像について言及している回答を抜き出した。なお、東京と大阪の回答は分かれておらず、判断ができない。

「職業婦人として何人にも気兼ねなく生活が出來働くことの愉快さがしみ〲感ぜられるので一生獨身生活を望みます（實母を養い乍ら）」

「結婚を希望するも餘りに異性の缺點多きを知り結婚を悲觀する傾向になつてゐる。女性は男性の力にのみ依頼せず夫の失業に備え得る力を養ふを要すると思つてゐる。勤儉貯蓄して生活の安定を得る様に努めたし」

「國へ歸へれば農家に嫁さねばならぬからお金を貯へて思はしい男があれば嫁して現在の商賣を初めたい」

「ウエートレスによつて店の繁榮を俟つと言ふのではなく料理本位とする純レストランを初めたいと思ひます」

「自分は此の職業に入つてから紳士然とした人が誘惑される事の多いのに驚いた。（中略）どうせ不眞面目と見られるならと言ふ不料簡な心が起りますから大抵な人が十人が十人そうなつてしまふのでせうと思ひます。私は最早や鋅の入つた身故小遣でも溜めて小賣商（菓子商）でも初めたいと思つてゐます」

女給たちのなかには、経済的に自立したいと考えていた者が少なくなかった。家族の生活を支える立場だった女性が多いことからも、誰かの庇護のもとに生きていくよりも、他人に依存しない人生を追及していくことのほうが現実的だと考えたとしても不思議ではない。女性の社会的地位が低い大正期において、事業を起こして自立したいと考えていた女性が複数いたという点は、女給という仕事が持っていたポジティブな側面であったと言えるだろう。

しかし、女給に対する世間のまなざしは厳しかった。本調査でも世間の眼に対しては、次のような回答がある。

「今の世の中はお金の世界で親に孝行するのもお金ですから心さへ眞面目であればどんな職業についても一緒です。世間の人に笑はれても決して心に恥ぢて居りませぬ。人に悪口を云はれても今に必然と成功する自信がありますから寧ろ励みの言葉と聞いております。お金を貯めて女王人となつて大いに社會に立つ積りです（二十五歳）」

「近頃稍もすれば私達の職業に對して侮辱的言辭を弄する人がありますが誠に心外で御座います。

斯うした事は其人の無理解にもよりますが現職にあるものが職業婦人としての自尊心に缺けてゐることに起因して居ないとも申されません。此の自尊心を傷けぬ様に私は今後とも眞面目な歩調を辿つて行くことを心に誓つて居ります」

また、男性客に対しては、次のような回答がある。

「斯うして嫌な嫌な職にゐるのも世の人々を呪はゞこそでございます。私はあらゆる男性を苦しめてやりたいと思ふけれど力弱い少女の身で却つて自分が毎日苦しめられてゐます」

「どうせカフヱーです故に不眞面目な青年、不良少年が入込みますので私達弱い女性をして不安な思ひをさせます。之れは私だけではありません。私達の様な職業に就くものは皆不安な胸を躍らせて居る事です」

「ともすれば自分の勞力以上の御祝儀を下さる人が良い御客と言ふ様な頭になることが一番悲しいことです。自分は女であると言ふ事を強みとする様な氣分にならない様で居る事に一番現在は苦しみます」

「來客の殆んど全部が女の貞操を目的とし聽くに堪えざる言葉を平氣で食堂に於て放ち私達が貞操の何たるかを解せざる女の如く思ひ眞面目にすれば祝儀等少なく店主の機嫌も惡く自然平氣に客の言に合はすやうになり以つて益々惡化する故に祝儀を全廢し月給制度とするならば幾分か善良になるかと思はれます。其他弊害は不良男子の出入多き事」

客のほとんどが女給に対して恋愛対象、あるいは性的な対象としてのまなざしを向けていたということは当時のカフェーの実態だったのだろう。女給当事者たちの証言から、飲食店の給仕が「女給」という言葉でくくられるようになるのと同時に、「女給」という仕事がいやしい仕事として見られるようになり、その評価が広まっていったことがわかる。カフェー業態が登場したばかりの頃は、カフェーの女性給仕には近代的で最先端というイメージを持っていたはずだった。それがいつの間にか、いかがわしい職業と見られるようになってしまったのである。

中央職業紹介事務局の『職業婦人調査　女給』の報告書からできるかぎり当事者の証言を拾い集め、調査結果を読み直してきた。その結果「女給」に対する世間一般のまなざしと、彼女たちが置かれた状況には大きな乖離があったことが確認できた。つづいて、震災後の女給経験について綴られた文学作品のなかから、女給たちの姿を確認していきたい。

3　実話をもとにしたプロレタリア文学の女給像

関東大震災後の東京で女給として生計を立てていた女性たちのなかには、後に女流作家として活躍した人たちがいた。その代表的な人物は『放浪記』を書いた林芙美子である。林が『放浪記』を『女人藝術』に発表したのは一九二八（昭和三）年のことであるが、日記をつけていた時期は一九二二（大正一一）年から一九二六（大正一五）年であった。[24] 林芙美子が女給をしていた時期にちょうど「職業婦人調査」が実施されたということになる。林の『放浪記』は一九三〇（昭和五）年に改造社から単行本化されると大ベストセラーとなった。『放浪記』は現在でも文庫本で容易に入手することができるので、女給経験を記した文学作品というと、真っ先に林の『放浪記』を思い浮かべる人が多いだろう。

しかし、当時の女給に関する文学作品を調べてみると、これまであまり注目されることのなかった二つの短編小説にたどり着いた。ひとつは、細井和喜蔵による『女給』である。細井和喜蔵は『女工哀史』の作者として知られているプロレタリア作家である。もうひとつは、窪川いね子による『レストラン・洛陽』である。窪川いね子とは後に佐多稲子の名で活躍をした女流作家で、佐多もプロレタリア作家と位置づけられている。この二作は短編ながらも、震災後の女給たちがどのような立場におかれ、どのような生活をしていたのかを探るための、社会史的な資料として重要な証言が記されている。ここでは、この二作の内容から女給たちの生活について考察していきたい。

細井和喜蔵『女給』で描かれている女工以下の扱い

細井和喜蔵は病気を苦に若くして亡くなったプロレタリア作家で、代表作は『女工哀史』である。妻・としと出会ったのは『女工哀史』の舞台となった紡績工場だった。

短編小説『女給』は発表時期などの詳細が不明だが、細井が一九二五（大正一四）年八月に亡くなっていることから、大正末期に書かれた作品であることがわかる。山田清三郎の解説によると、[25] 同作の主人公「登恵子」のモデルは細井の妻としであり、主人公の夫は細井自身である。としは紡績工場の女工を辞めたあと、病気の細井を支えるために一時期女給として働いていた。この短編『女給』

はその当時のことを小説化したものである。山田は解説のなかで「もっとも、すべてが事実の通りではなく、小説的に加工したものであるのはいうまでもない」[26]と述べているが、わざわざこの一言を添えたのは、小説のなかで主人公が客に乱暴される場面があるからであろう。乱暴がどのように表現されているかについては後に触れるが、主人公にふりかかる様々な困難は、当時女給たちに実際に起こりうることだったのではないだろうか。細井の『女給』は、関東大震災直後の女給たちを無産階級として捉え、労働の実態について記述した史料として読むことができる。

小説の舞台は登恵子が場末のカフェーやレストランを転々とした三ヵ月間である。登恵子が場末の店ばかりを転々とせざるを得なかったのは、夫が病床に付しているため住み込みが出来ないからであった。震災後にはいたるところにカフェーができたが、どのような店なのかは実際に働いてみないとわからなかった。登恵子は銀座のカフェーにも面接に行ったが、店で働くのにふさわしい着物を持っていないという理由で不採用となった。店舗間の格差や働き口を得ることの難しさが、登恵子の体験を通して描かれている。

登恵子が客に乱暴されたと思われる描写については、直接的な表現はされていないが、その内容を示しておく。登恵子が二軒目に勤めた本所のカフェーでの出来事である。勤めて四日目の夜、毎晩飲みに来る三人の職人から夜の一二時過ぎに出前の注文が入り、登恵子に届けてもらいたいという条件がついていた。登恵子が仕方なく料理を届けると、そこで恐ろしいことが起こるのである。

彼女はいやいやながら建具屋へ料理を運んで行った。すると階下全体が工場になっていて二階が職人の部屋にしつらえられているそこへ彼女を引き上げて、職人は酌を迫るのであった。それからしばらくすると三人いた内二人は座を外してしまい、何時までたっても帰らない。――取り返しのかつ《ママ》ぬ間違が起ってしまった。たとえ不可抗な運命だったとはいえ良心の苛責に堪えない彼女は、しばし茫然として立つことさえも出来なかった。[27]

その後登恵子は店主に抗議をするのだが、店主はせせら笑って相手にしない。登恵子は店主が客と結託していたのだと察してその店を辞めるのである。この出来事が本当に細井の妻に起こったことであるのか、小説向けの脚色であるのかは判断することができない。しかしこのような出来事が横行していたことは事実なのだろう。

やがて登恵子は女給の労働条件に怒りを抱くようになる。登恵子の心の叫びは次のように記されている。

第一流の食堂風なレストランをのぞいてその他は、ほとんど女給仲居に一円の給料も支払わないのが普通で、この種職業婦人の八割までは全然主人から無報酬で働いている。それだのに女達は「傭人」という名目でその筋へ届け出られる。およそ世の中に一厘の給料も支払わずに人を雇傭する権利があるであろうか？いや無給くらいはまだいい方でそれが甚しいところになればさかさまに傭人の方から主人へ向けて飯代を支払わねばならない。（中略）それから又過って器物を毀すと弁償させられ、無銭飲食者に出喰わすとこれまた目先が利かぬとさんざん小言をきかされた上勘定を弁償させられるのである。[28]

登美子の怒りには当時の女給たちの状況が表れている。そして登恵子の怒りは、妻に女給をさせている細井自身の不甲斐なさへの怒りでもあるのだろう。

この短編小説は、登恵子が四軒目の店を辞めると決心したところで終わっている。最後の文章は次の通りである。

「誰がいてやるものか、畜生！」と痛烈な一語を残して敢然とそこを立ち去った。と、彼女は（女工がいい、堅実な神聖な労働がいい）とつくづく元の生活が恋しくなった。[29]

細井が『女工哀史』で女工たちの過酷な労働実態を書いたあとの言葉であることを考えると、登恵子の「女工がいい」という言葉は重たい。

窪川いね子（佐多稲子）作品で繰り広げられる人生模様

窪川いね子の『レストラン・洛陽』は、『文藝春秋』の一九二九（昭和四）年九月号に発表された短編小説である。窪川いね子とは佐多稲子が初期に使用していた作家名である。『レストラン・洛陽』は佐多自身の女給経験をもとに書かれた作品で、関東大震災から数年経った浅草のカフェー「洛陽」が舞台となっている。洛陽で働く女給たちがそれぞれに抱える問題、客とのやりとりや女給部屋の雰囲気が細かく表現されており、小説ながら社会史の史料としても興味深い。「洛陽」という店は実際には浅草に存在していないが、後に示すいくつかの史料から、「洛陽」のモデルは「聚楽」であることと、佐多が聚楽で働いていたのは一九二六（大正一五）年から一九二七（昭和二）年頃であることがわかった。小説のなかで競合店として「カフェー・オリオン」がたびたび引き合いにだされているが、「カフェー・オリオン」のモデルは浅野総一郎が経営していた「オリエント」であろう。

『レストラン・洛陽』はメジャーな雑誌に掲載された佐多の初めての作品であった。内容について述べるより先に、作品の評価についてふれておきたい。この作品が発表された翌月の『文藝春秋』で同作を絶賛したのは川端康成であった。川端の評価は次の通りである。

これは、レストラン女給生活の眞實である。彼女等の内から見た眞實である。カフエやバアの女給達の姿は、咲きくづれた大輪の花のやうに、近頃の文壇の作品に、けばけばしく現れ出した。餘りに外面的に、從つて獵奇的な對象として――だが、一群の彼女等がこの作品の中の彼女等のやうに、ほんたうの姿を見せたことはないであらう。(30)

佐多と川端は、この書評以外にも不思議な縁があった。佐多は偶然にも「洛陽」のモデルとなった浅草のカフェーで川端の初恋相手と一緒に働いていたのであった。書評を書いた時点では、川端はそのことを知らなかった。佐多はこの不思議な縁について川端康成の追悼文のなかで言及している。

「レストラン洛陽」に描いた女たちの中に、川端さんにつながりのある女性をおもわせる人がいた。浅草の六区近くにある大きなレストランを舞台にそこに働く女たちの悲しい姿を描いたこの作は、可成り実際にあったこと、私自身の経験の中で直接見たことを元にしていたが、記憶をたどれば、浅草のレストランに働いているときすでに私は、同輩のひとりが川端さんにつながりのあるのをそのときから知っていたようにおもう。彼女自身から、自分は川端さんを知っている、と聞いたのだったとおもう。[31]

『レストラン・洛陽』のなかに登場する夏江という名の女給が、川端の初恋相手、佐山ちよだったのである。[32]佐山ちよは佐多と一緒に働いていたときには「初代」と名乗っていた。川端と佐山ちよの関係については、長谷川泉による「「伊豆の踊子」論」[33]に詳しく書かれている。興味深いテーマではあるが、ここでは『レストラン・洛陽』のなかの女給の描かれ方に注目していきたい。

『レストラン・洛陽』の主人公はあるひとりの女給である。ところが小説のなかでは主人公自身の経験や心情はほとんど描かれていない。主人公の眼に映る「洛陽」の女給たちの姿が静かに描写されている。客席と女給部屋という店の表と裏をパラレルに見せながら、群像劇のように展開していく。短編であるにもかかわらずたくさんの女給が登場し、それぞれのキャラクターの違い、抱えている問題の違いなどが表現されている。お千枝、お葉、きよ、お芳、お露、夏江、お幾、薫、操、お絹、お柳、お光である。たまたま人生の一時を同じ店で過ごしただけの女性たちである。例えば、次のような描写がある。

お幾は「夫婦になるまではいつしよにねまい。」と言つた男に、それ故に夢中になつて惚れてゐた。薫は慶應の學生のセータを編んでやつてゐた。お葉の亭主は時々迎へに來ては一緒に歸るやうになつた。一人の女は男の親に許されて嫁入をすることになつた。も一人は丸髷に結つて、男と旅行した。お露はお千枝の意地悪もあつたが、自分の男の我儘からとうとう店へ勤められなくなつて洛陽を止した。お千枝は近頃、毎日曜のやうに、少しの朝の間の暇を見ては兵營の男に逢つた。かんばん後の忙しい時間に自分の分だけの翌朝の掃除をやつてゆくお千枝の姿は、お千枝にも似ず殊勝に見えた。彼女の組は何か寂しくなつていつた。その中で夏江の派手な袖だけが、つばめのやうにひるがへつてゐた。[34]

洛陽の女給たちは、年恰好もバラバラで抱えている問題もそれぞれ異なっていた。若い女給初心者もいれば、いくつかのカフェーを転々としてきたベテラン女給もいた。ちなみに、川端の初恋相手がモデルとなっている「夏江」は病気の亭主と幼い子どもを支えるベテラン女給として描かれている。住込みの女給たちも通いの女給たちも、女給部屋を支度部屋として共有しており、仲良しグループもあれば、一匹狼的な女給もいるという雰囲気で、なんらかの事情を抱えた女性たちによる一時しのぎの共同生活であった。

「洛陽」は、店の方針としては客に媚を売るような接客を推奨していたわけではなかった。むしろ客と一緒になって椅子に座ったり、飲食をすることは禁じられていたとある。しかし、これも羽振りの良い客が来ると、売上を優先して黙認されていた。この点については次のように記されている。

洛陽ではもと〳〵客の前で椅子にかけたり、飲食することはやかましかつた。それなのにこの、ウイスキイの呼び名のある客はいつからか女給たちにも強い洋酒をあふらせて興がつた。女たちはその金費ひの派手な空氣に、浮立ちながら黄金や銀色の強い酒を、きやしやな身體に流し込んだ。(35)

客の求めに応じるかたちで、あるいは売上を優先する店主の方針によって、なし崩し的に「給仕」の枠組みを超えていってしまうことが、この描写からよくわかる。チップを収入源としている女給たちにとって、客の注文が増えることと客に気に入られることは生活に直結していたのである。

しかも彼女たちを苦しめていたのはこの報酬システムだけではなかった。カフェーには「出銭」と呼ばれるシステムがあり、毎日一定額を食事代その他の名目で店に納めなければならなかった。ひどいケースになると、チップ収入が少ない日は、収入よりも出銭の支払いが上回ってしまうこともあった。『レストラン・洛陽』では、この出銭について解説されている箇所がある。それによると、正月イベント用につくらされた着物の費用が出銭に上乗せされていたことがわかる。彼女たちの不満は次のように書かれている。

「ほんとうにお出銭だつてさうよ。もうお正月の着物の代はとつくに濟んでる筈ですもの、五拾錢にしてくれなくちや困るわ。」（中略）いつか女たちは着物のことから、出錢の不平に興奮していつた。一時五十錢に下つてゐた出錢が、十二月に正月の揃ひの代價として一圓になつたきり、四月になつてもそのまゝであつた。今では一圓の出錢のうち三十錢だけ店にとられて七十錢が預金といふことになつてゐる。しかし女たちに預金帳が渡されるわけではなく、お露が店を止した時も、出錢の返金は彼女の心算よりもずつと少なかつた。[36]

女給という職業を選んだ女性たちは、何らかの事情で生活に困窮していた。しかし女給の報酬システムは、彼女たちにとって不利な構造や習慣がはびこっていた。善良な店主が経営している良心的な店で働けるか否か、店選びはまるで博打のようなものだった。

佐多は『レストラン・洛陽』は小説ではあるものの、実際の出来事をもとにしていると述べていた。この小説の後半部分には衝撃的な出来事が描かれている。それが、ベテラン女給「お千枝」と兵役から脱走した若い御曹司との心中事件である。

昨日榛名山中の雑木林に、腐爛した情死體が發見された。死體と共に朽ちた黑地に赤絣のお召の着物、それがお千枝であつた。[37]

小説を盛り上げるための脚色かのように見えるこの出来事も、実際におきていた。「お千枝」は、おそらく浅草の「聚楽」で働いていた「八重子」がモデルなのであろう。一九二七（昭和二）年四月二八日の『讀賣新聞』に「資産家の息 脱營し、榛名御料林で情死」という記事があり、そこには女給「八重子」の顔写真が大きく掲載されている（図4－2）。この記事に書かれている八重子の説明と

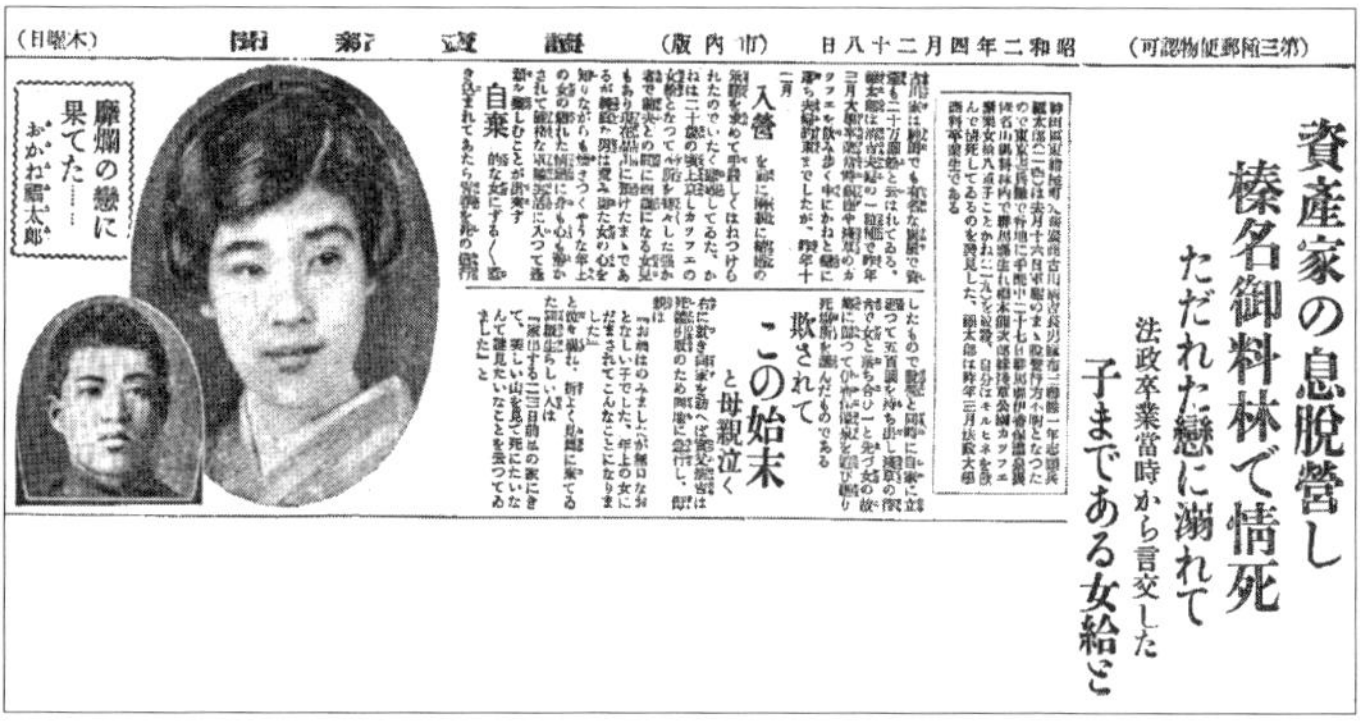
（第三種郵便物認可）　昭和二年四月二十八日　（市内版）　讀賣新聞　（木曜日）

資産家の息脱営し
榛名御料林で情死
ただれた戀に溺れて
法政卒業當時から言交した
子まである女給と

この始末
と母親泣く

欺されて

入營

自棄

靡爛の戀に果てた……
おかね　鶴太郎

図４－２　資産家の息子と女給の心中を伝える新聞記事

『レストラン・洛陽』のお千枝はほとんど一致している。八重子に幼い子どもがあったこと、心中した相手が大学出の御曹司であったこと、男の実家が二人の恋愛に反対していたことなど、ほとんどが実際の出来事に沿っている。

小説のなかでは、心中事件をきっかけにして、お千枝が女給仲間に語っていた本名も子どもの父親も全て嘘だったことがわかってしまう。もしかすると、実際に「八重子」も女給仲間に嘘をついていたのかもしれない。このように想像してしまう理由は、同新聞記事で「八重子」の本名は「かね」であると書かれているが、小説でも「お千枝」の本当の本名は「かね」であったと書かれているからである。しかし「お千枝」は女給仲間には自分の本名を「輝子」だと嘘をついていた。『レストラン・洛陽』の該当箇所は次の通りである。

彼女は決して喋喋としやべりはしない。しかし常に自分を自らの好む額椽に當て嵌めるのであつた。本名は輝子さん、子供の父はさる大家の若様、月々の仕送りを受けに、今もなほお邸に出入して、奥様のお仕打ちも優しい――お千枝は滿足して話して聞かすのであつた。新聞によれば、お千枝事、米田かね（二十八歳）、農家のみじめさを嫌つて飛び出した娘であつた。子供は、お千枝が或る鍋やに働いてゐる頃、そこの料理人との間に出來たものだつた。そして子供はやとひ婆さんが自分の子として育てることになつたのである。[38]

幾重にも重ねられた嘘が、八重子／お千枝の死を悲しく伝えている。寝食を共にして一緒に働く女給同志の関係は、心を許せる関係ではなかった。生活のために女給という仕事を選択した彼女たちの生活は孤独だったのである。

ここまで細井和喜蔵の『女給』に描かれている女給たちの姿と、窪川いね子（佐多稲子）の『レストラン・洛陽』に描かれている女給たちの姿を確認してきた。トーンの違いはあるものの、両作品ともに社会的弱者である女給たちに寄り添った視点で、女給生活の過酷さや理不尽さを描いている。女給たちはそれぞれに重い何かを背負った孤独な若者だったのである。

4　東京から地方へ、増加する「女給」

関東大震災は、カフェーという飲食業態が全国に伝播するきっかけになったと言われている。東京で家や職を失った人々が故郷に帰還するという現象が全国的におきたことで、東京の文化が地方都市に持ち込まれたのである。[39]全国各地に普及したカフェーという新業態は、地域ごとにその土地の影響を受け、性質の異なったものとして発展していった。

なかでも大阪は露骨に「女給の商品化」を図っていた。村嶋歸之によると大阪で「女給の商品化」の先陣を切ったのは、道頓堀の「ユニオン」であった。村嶋はユニオンの経営者・小堀勝蔵が「女給のエプロンを剥いだ最初の人」[40]であると述べている。小堀は一九二三（大正一二）年にユニオンの権利を手に入れると、女給たちの服装をすっかり変えてしまったというのである。村嶋は小堀から聞いた話として、女給の服装を変えた経緯を次のよう述べている。

従前の女工服のやうな黒の洋服に白いエプロンを掛けた女給の中から、美貌の何人かを抜いて、彼女から白いエプロンと女工服とを剥ぎ、同時に、御召のシヤンとした服装に着替へさせた。頭髪も、ぐる〳〵巻を改めて、本人の嗜好及び顔の輪廓に應じ、或は高島田に、或は耳かくしに或は七三に結はせた。化粧も念入りにさせた。女たちは見違へるやうな美しさを見せた。エプロンもつけない美装の、そして美給の存在を瞥見したトンボリ（道頓堀）人種は、物珍らしさうに、その食堂に這入つて來た。[41]

このユニオンの営業戦略が評判となり、道頓堀のカフェーはこぞって美人女給を商品化して集客に勤しみ、店舗間競争を激化させていったのである。

社会現象化したカフェーが全国に広がると、しだいに厳しい目が向けられるようになっていった。

一九二八（昭和三）年に刊行された日本統計普及會編『時事統計圖集 第二巻 第六輯 我國社會問題（下）』には、内務省衛生局による「人口三萬以上ノ都市ニ於ケル接客業態者府縣別比較」（一九二七（昭和二）年四月一日現在）が掲載されている（表4‐7）。この統計調査では全国の「接客業」に従事する女性の数が道府県別に集計されている。「接客業」については、同書に「こゝに云ふ接客業態者は、女性の職業としての接客を指すのであつて、中には常習的賣淫者といふ一類も加はってあるが、全國のこの種の分布と現状とを知ることは、普通なる常識以外に一の社會觀を、何處からともなく急促せしめられる感がするものである」[42]との説明がある。統計の対象となっている女性の接客業とは、娼妓、芸妓、酌婦、仲居、ヤトナ[43]、女給、旅館女中、その他常習的売淫者という項目に分けられている。この項目からも、「女給」が単なる料理を運ぶ給仕係とは別の扱いをされるようになっていたことがわかる（なお、表4‐7の「合計」は筆者による算出である）。

この調査結果によると、全国の女給の数は三九、二九〇人である。この人数は、娼妓の合計数三七、五〇三人や、仲居の合計数三一、二九二人を上回っており、芸妓の合計数四三、三一一人に迫る勢いである。この結果については調査当局も驚きをもって受け止め「一見して驚くのは女給といふ階級の女が、藝妓と匹敵する數を有して居る事であつた」[44]と述べている。

東京府だけに限ってみると、女給の数は一八、九七五人あり、仲居の九、三三四人、芸妓の九、七一三人の倍程度にまで増えている。震災後の女給の急増が、無視できない社会現象であったことがこの統計からも浮かび上がってくる。女給がカフェーにとって重要になっていたのは全国共通の現象であった。

表4－7　「人口三萬以上ノ都市ニ於ケル接客業態者府縣別比較」(1927年4月1日現在)

	娼妓	藝妓	酌婦	仲居	ヤトナ	女給	旅館女中	その他常習的賣淫者	計
北海道	1,275	1,827	881	1,828		1,193	1,009	220	8,233
青森	253	216	97	182		149	124	20	1,041
岩手	88	146	46	274		16	140		710
宮城	331	260	176	311	58	285	249		1,670
秋田	68	153		80		103	86	7	497
山形	312	253	560			57	259		1,441
福島	106	523	217	351		252	223		1,672
茨城		267	259	208		150	92		976
栃木	104	337	287			255	169		1,152
群馬		545	441	371		308	185		1,850
埼玉		168	252	115			53		588
千葉	70	137	71	71		111	45		505
東京	5,298	9,713		9,334		18,975	3,256	1,566	48,142
神奈川	678	1,537	637	1,495		1,232	619	397	6,595
新潟	778	701		459		147	383	13	2,481
富山	150	329		141		113	107		840
石川	20	838		302		155	138		1,453
福井	153	236		64		128	78	19	678
山梨	185	288	133	71		82	78		837
長野	273	714	70	159		99	133		1,448
岐阜	562	699	97	531		244	195	45	2,373
静岡	553	1,057	1,106	569		634	506		4,425
愛知	2,466	3,823	2,072	1,409		1,256	769	5	11,800
三重	438	514	178	311		223	497	8	2,169
滋賀	170	251	79	126	27	38	105		796
京都	2,850	1,943	82	1,325	593	1,200	1,201	5	9,199
大阪	8,246	5,434	105	4,169	422	6,373	1,560	46	26,355
兵庫	2,125	2,612	314	219	2,353	1,867	568	112	10,170
奈良	361	193	129	223	19	78	104		1,107
和歌山		350	327	173	36	110	154	33	1,183
鳥取	167	218	22	338		93	145	6	989
島根	67	193		157		13	165		595
岡山	580	323		580		383	310	11	2,187
廣島	1,651	809	15	1,424	34	875	370	261	5,439
山口	472	571	450	644		123	375		2,635
徳島	212	395	150	130		205			1,092
香川	375	271	91	150		82	182		1,151
愛媛		539	48	205		140	180	5	1,117
高知	281	196		91	455	136	228	1	1,388
福岡	1,972	1,981	2,262	1,246		715	1,068	83	9,327
佐賀		114	86	24	54	18	84		380
長崎	1,449	540	371	504		210	400	47	3,521
熊本	601	291	115	224		185	253	2	1,671
大分	505	237	128	187		83	1,547		2,687
宮崎	139	229	30	140		44	216	33	831
鹿児島	300	335	132	358		127	438	35	1,725
沖縄	819	5	9	19		25	41		918
合計	37,503	43,311	12,525	31,292	4,051	39,290	19,087	2,980	190,039

(1) 服部嘉香・植原路郎『訂正増補 新らしい言葉の字引』實業之日本社、一九一九(大正八)年、一六一頁(所収:松井栄一・曾根博義・大屋幸世監修『近代用語の辞典集成2』大空社、一九九四年)。
(2) 前掲、服部嘉香・植原路郎『訂正増補 新らしい言葉の字引』、三八頁。
(3) 服部嘉香・植原路郎『大増補改版 新らしい言葉の字引』實業之日本社、一九二五(大正一四)年、三三八頁(所収:松井栄一・曾根博義・大屋幸世監修『近代用語の辞典集成3』大空社、一九九四年)。
(4) 東京市社会局編纂『婦人自立の道』一九二五(大正一四)年、一〇―一一頁。
(5) 前掲、東京市社会局編纂『婦人自立の道』、一二頁。
(6) 前掲、東京市社会局編纂『婦人自立の道』、一二頁。
(7) 前掲、東京市社会局編纂『婦人自立の道』、一〇―一一頁。
(8) F記者「カフエーの女給となつた二日間」『婦女界』一九二五(大正一四)年三月号、一三一頁。
(9) 「學生のカフエー入りとカフエー女給の研究」『中央公論』一九二五(大正一四)年七月号、一一八―一三六頁。
(10) 宇野浩二「カフエー今昔」『中央公論』一九二五(大正一四)年七月号、一二〇頁。
(11) 前掲、宇野浩二「カフエー今昔」『中央公論』、一二三頁。
(12) 前掲、宇野浩二「カフエー今昔」『中央公論』、一二四頁。
(13) 豊島與志雄「カフエーの分科」『中央公論』一九二五(大正一四)年七月号、一三六頁。
(14) 小川未明「カフエーの女に對する哀感」『中央公論』一九二五(大正一四)年七月号、一二四頁。
(15) 前掲、小川未明「カフエーの女に對する哀感」、一二五頁。
(16) 前掲、小川未明「カフエーの女に對する哀感」、一二五頁。

(17) この調査結果が発表されると多くの反響があり、昭和初期に刊行された女給関連の主要な書籍で引用されている。前田一『職業婦人物語』（東洋経済出版部、一九二九年）、村嶋歸之『歡樂の王宮 カフエー』（文化生活研究会、一九二九年）、大林宗嗣『女給生活の新研究』（巖松堂書店、一九三二年）などである。
(18) 中央職業紹介事務局『職業婦人調査 女給』一九二六（大正一五）年三月、一―二頁。
(19) 一九警察署とは、日比谷、錦町、西神田、新場橋、築地、北紺屋、三田、表町、四谷、神楽坂、早稲田、富坂、本富士、上野、象潟、原庭、洲崎、大塚、日本堤である。
(20) 前掲、中央職業紹介事務局『職業婦人調査 女給』、一三二頁。
(21) 前掲、中央職業紹介事務局『職業婦人調査 女給』、七二頁。
(22) 前掲、中央職業紹介事務局『職業婦人調査 女給』、九三頁。
(23) 前掲、中央職業紹介事務局『職業婦人調査 女給』、一一三頁。
(24) 小田切秀雄「解説」林芙美子『放浪記』新潮社、一九七九年、五六二頁。
(25) 山田清三郎「解説」細井和喜蔵全集刊行委員会、女工哀史記念会編著『細井和喜蔵全集 第四巻』三一書房、一九五六（昭和三一）年、二三五―二四〇頁。
(26) 前掲、山田清三郎「解説」、二三九頁。
(27) 細井和喜蔵「女給」、細井和喜蔵全集刊行委員会、女工哀史記念会編著『細井和喜蔵全集 第四巻』三一書房、一九五六（昭和三一）年、一七九頁。
(28) 前掲、細井和喜蔵「女給」、一八二頁。
(29) 前掲、細井和喜蔵「女給」、一八四頁。
(30) 川端康成「文藝時評」『文藝春秋』一九二九（昭和四）年一〇月号、三八頁。
(31) 佐多稲子「川端さんとの縁」稲村徹元監修『近代作家追悼文集成 高橋和巳 志賀直哉 川端康成』ゆまに書

房、一九九九年、二三四頁（初出：『群像』一九七二年六月号）。

(32) 長谷川泉「「伊豆の踊子」論」『現代日本文學体系52 川端康成集』筑摩書房、一九六八年、三八一―四二五頁。

(33) 前掲、長谷川泉「「伊豆の踊子」論」、三八一―四二五頁。

(34) 窪川いね子「レストラン・洛陽」『文藝春秋』一九二九（昭和四）年九月号、二四―二五頁。

(35) 前掲、窪川いね子「レストラン・洛陽」、二一頁。

(36) 前掲、窪川いね子「レストラン・洛陽」、二七頁。

(37) 前掲、窪川いね子「レストラン・洛陽」、二八頁。

(38) 前掲、窪川いね子「レストラン・洛陽」、二九頁。

(39) 新潟女性史クラブ編『写真記録 にいがたの女性史』郷土出版社、一九九四年、五〇頁には一九二三（大正一二）年頃に新潟市に開業したカフェーの写真が掲載されている。

(40) 村嶋歸之「大阪カフエー彈壓史」『中央公論』一九二九（昭和四）年一二月、一七八頁。

(41) 前掲、村嶋歸之「大阪カフエー彈壓史」、一七九頁。

(42) 日本統計普及會編『時事統計圖集 第二巻 第六輯 我國社會問題（下）』日本統計普及會、一九二八（昭和三）年、二二頁。

(43) ヤトナとは主に関西地方の名称で、料理店や旅籠で仲居と娼妓の中間のような役割で雇われていた女のことを指していた。

(44) 前掲、日本統計普及會編『時事統計圖集 第二巻 第六輯 我國社會問題（下）』、二二頁。

第五章　カフェーの多様化と社会問題化

1　銀座における「バー化」のトレンド

東京市内における銀座のポジション

関東大震災から復興を遂げた東京では、あらゆる盛り場にカフェーが登場していた。その結果地域格差や店舗格差が広がり、銀座のカフェーと場末の三業地や学生街のカフェーでは女給たちの環境に大きな開きができていた。ここでは銀座のカフェー・タイガーの女給の発言を手がかりに、銀座の有名カフェーのポジションを探っていきたい。

一九二九（昭和四）年三月号の『文藝春秋』では「職業婦人座談會」[1]が掲載され、多方面で活躍する女性たちが集められた。参加した「職業婦人」八名は次の通りである。八名のなかにカフェー・タイガーの女給が含まれていた点に注目したい。

女醫　三輪田繁子（※東京女子医大出身の産科医。吉岡弥生に学ぶ）
松屋　吉村コウ（※百貨店の販売員）

松屋　奥井いく（※百貨店の販売員）
横濱脳病院　伊東環（※看護師）
タイガー　島津かほる（※銀座カフェー・タイガーのベテラン女給）
丸ノ内美容院　山野千枝子（※パーマネント技術を広めた美容界の草分け）
婦人公論　佐藤すみ子（※雑誌記者。中央公論社からの参加である）
作家　宇野千代（※作家兼主婦という立場で参加。遅刻しほとんど発言なし）

※は筆者による注記

職業婦人のひとりとしてカフェー・タイガーの女給、島津かほるが参加している点が、当時の企画としては斬新であった。座談会はこの八名のほかにファシリテーター役の菊池寛と、カフェー常連客である作家の近藤経一、編集長の菅忠雄が加わり、合計一一名で行われた。文藝春秋社社長の菊池寛はカフェー・タイガーの常連客であった。菊池寛との付き合いという点では、おそらく島津かほるが最も関係が強く、自由に思ったことを言える間柄だったのではないだろうか。島津はこの座談会で一流店とその他の店を一緒にして欲しくないという趣旨の発言をたびたびしている。島津の発言のうち、カフェー・タイガーの女給について言及しているものを抜き出した。なお傍線は筆者による。

島津　私共は世間一般に誤解されて居ることが一番嫌です。カフエと申しますと、非常に堕落して居るやうに思はれるのが何より一番つらうございますね。

菊池　この頃は職業婦人として自覺を有つてカフエで勤めて居る方が多いやうですね。

島津　え丶、この頃はお蔭さまで相當な方が居らつしやるものですから、誤解は段々薄らいできたやうですけれども、小さい家でお遊びになつた方などがたまに手前共へ入らしてもやはりそんな考へで、私共に非常に侮辱したことを仰しやる、それが何より嫌なことでございます。殊に私など古顔になつて居りますから、あれを取持つてくれないかなんて、そんな事を仰しやるのが一番嫌です。

島津の発言には二つのポイントがある。女給が世間から冷たい目でみられるという悩みについては、これまでもたびたび指摘されてきたことである。そのことに加えて、島津は女給が売春まがいのこともするだろうと誤解をしている客は「小さい家でお遊びになった方」に多いと指摘している。ちなみに「家」とは「店」のことである。どこかの小さい店と銀座の一流店カフェー・タイガーを一緒にして欲しくないというプライドが感じられる発言である。

島津はカフェーの客層についても次のような発言をし、一流の客とそうでない客のふるまいを比較している。

島津　世間で悪く仰しやる様な方は、カフエーならカフエーへ入らつしやらない方が仰しやる事だと思ひます。始終《しょっちゅう》お出で下さる方はさうぢやないが、今日は月給日だから一つ行つて見やうといふ様な方が入らつしやると、それは酷いんですよ、さういふ人になると腹が立つて嫌だと思ひまして、そんな事はございませんと申しますと、悪口を仰しやる。こんな方は餘りカフエーへ入らつしやらない、さもなければ場末の小さい家へでも行らつしやる方に多い。相當大きい家へ行らつしやる方ですと、よくお分りになつて居ると思ひます。（中略）さういふ誤解をなさるのは、お若い方が多いのです。お若い、生半可な、餘り藝者買ひに行らつしやれないといふ方（一同哄笑）がね。

島津は常連客のふるまいには問題がないが、給料日だからと背伸びをしてやってくる会社員や、若い客の態度が悪いと述べている。また、島津がこれら態度の悪い客を「藝者買ひに行らつしやれないといふ方」と言うと、一同が一斉に大笑いしたとある。富裕層であればお座敷遊びとカフェーを使い分けることができるが、それができない若者が、カフェーの女給に対して問題行動をするという指摘である。一流のカフェーで働く島津のプライドはよくわかるが、その一方で、他の「接客業」で働く女性たちを見下すような発言が目につく。全国にカフェーが乱立したことで、カフェーにも一流店、二流店、三流店と格差が広がった。その結果、女給という職業は一様には評価できなくなっていた。

カフェーに出入りをする不良学生については、島津の発言だけでなく、『職業婦人調査　女給』でも、女給たちが口をそろえて問題視していた。女給たちが嫌う不良学生とは、どのような存在だったのだろうか。銀座ではお金のない学生は冷たくあしらわれていたが、その一方で、震災後は学生街に低価格帯のカフェーが急増していた。学生時代は学校近辺のカフェーに通い、社会人になってから銀座のカフェーに通うというのが、ひとつのパターンだったようだ。

当時の学生と女給の関係が記されている史料としては、一九二九（昭和四）年刊行の今和次郎編『新版大東京案内』がある。[2] 同書によると、不良学生のなかには女給との接点を求めてカフェーに通いつめる者があったようだ。彼等については、次のように説明されている。

女學生等は子供らしくして、女性のやうな氣がしない、といふ手合はカフエーやバーの女給をねらふ、この方は先方も異性には不自由なくつきあへるから、一寸やそつとでは動じない。そこに苦心もあれば面白みもある。目星をつけたら、大抵毎日其處に通つて愛嬌をふりまく、仲間に大いに冷かしてもらふ。しばらくこれを續けて、大抵いゝと思ふころ、小あたりにあつて見て、脈があると見れば、本式に手紙を渡すなり、直接に口説いたりする。もちろん本氣で、惚れたのでもはれたのでもないから、成功してもすぐ振りすてゝしまふ、不成功に終つたところで、もとつこである。凄いのになると、何時までもつき纏つて金を絞つたり、他のバーに連れて行つて、手數料をとつたりするのがある。[3]

要するに、性的な関係をもつことを目的としながら、本気の恋愛であるかのように装って女給を口説く学生たちがいたというのである。「何時までもつき纏つて金を絞つたり」とは、女給に貢がせるということであろうか。「他のバーに連れて行つて、手數料をとつたり」とは、女給を他店に移籍させて斡旋料を得るブローカーのような者がいたということだろうか。基本的にお金のない学生たちは、チップで女給の気を惹くのではなく、振る舞いや雰囲気で女給の気を惹こうとしていた。[4] 二〇歳前後の女給たちと学生たちは同世代である。生活苦を理由に女給として働いている女性たちが、熱心に口説くインテリ予備軍の学生にほだされて恋愛感情を抱いてしまうことがあったとしても無理からぬことのように思われる。

学生の身分では銀座のカフェーの常連になるのは難しかったとはいうものの、三田に校舎がある慶應義塾大学の学生たちは少し様子が異なっていた。『讀賣新聞』一九二七（昭和二）年一一月八日朝刊には、野球の早慶戦に勝利し喜ぶ慶應生が銀座の街のいたるところで暴れたという記事が大きく掲載されている。記事のタイトルは「銀座街頭ペン章の渦　亂舞亂踏また亂舞　「お、慶應」の騒擾　二十二年振りの優勝に醉つて應援團、神宮球場から雪崩れ　カフエーを占領す」である。紙面に掲載されている写真は、カフェー・キリンを埋め尽くす詰襟姿の慶應生たちである。酔った学生たちの中は警察に検束されたものもあった。夜の銀座を静かに楽しみたい大人を客にしている銀座のカフェーにとって、騒ぎたい盛りの学生は喜ばしくない客だったのである。

洋酒専門のバー

一九二九（昭和四）年になると、銀座は関東大震災から復興し、近代的な街並みで広域から人々を集めていた。夜の銀座ではカフェー・タイガーを筆頭に、ライオンだのクロネコだのキリンだのと、銀座通り沿いの有名店が相変わらず人気を集めていた。だがその一方で、もともと夜の銀座の常連だった客層は、裏通りに開業したバーに魅力を感じるようになっていた。二〇一六年に惜しまれながら閉店した老舗バー「ボルドー」の開業は一九二七（昭和二）年、現在も銀座の路地で営業を続けている老舗バー「ルパン」の開業は一九二八（昭和三）年であった。「ボルドー」は新橋芸者が開業した店、「ルパン」はカフェー・タイガーの女給が開業した店である。顧客を持つ女性が小さな店を経営するという流れがひとつのパターンとしてできつつあった。

小箱のバー開業のトレンドを歓迎しているのが銀ブラの常連、酒井眞人である。

今までバーといへば、チンヤ・バーとか、神谷バーとか、本郷バーとか、何れもウヰスキー一杯十錢級の盛り場の酒場を先づ想像したものであるが、今ではカフエといふよりはバーといった方が、美人がゐて氣分が落著き、それに何んとなくロマンチックな僥倖が轉がつてゐさうで、第一フレツシユでモダーンらしく耳に響くやうになつて來た。⑤

酒井が旧来のバーのイメージとして挙げている「チンヤ・バー」「神谷バー」「本郷バー」はいづれも銀座の店ではない。「ウヰスキー一杯十錢級」という表現にあるように、バーという業態名の響きは安くて庶民的なイメージだったようだ。そんな「バー」という響きが、いつしか美人がいてゆっくり酒を飲める最先端の場所というイメージに変わったというのが酒井の指摘である。続けて酒井は、銀座でカフェーが飽きられるようになった状況について、次のように分析している。

銀座にバーが殖え出したと同じやうに、カフエは、人形町にも、神樂坂にも、麻布一の橋にも、青山四五丁目にも、澁谷にも、新宿にも、洲崎にも、吉原にも、大塚にも、いやズツと場末の町の大崎や目黒や五反田や、そして更に郊外の中野や池袋や高圓寺の邊りにまで、非常な勢ひで進出して來た。殊に最近新宿に於けるカフエの發展は大したもので、新歌舞伎座に抜ける横町や、そして遊廓側の電車線路の裏通りなど、カフエが軒を並べて、宛然カフエ街を現出してゐる。カフエのこの雪崩！(6)

東京のいたるところにカフェーができてしまうと、カフェーというだけでは最先端を意味しなくなり、インテリ層の欲望を満たさなくなってしまった。従来からの銀ブラ党は小さな洒落たバーを好むようになっていたのである。

有明暁は、銀座の裏通りにバーが増えてきたことについて、欧米のバーと比較して次のように述べている。

我日本のカフヱは第一接待が女に限られてゐる。男給仕は一流レストラントかホテルの洋食部へでも行かねば見られない。レストラントでも一流、二流、三流いづれも殆んと大部分が女給である。バーに至つては何等カフヱと異なるところがない。殊に最近好んで用ひられるところの××酒場は歐米のバーを名だけ模倣したもので、内容は從來のカフヱと少しも變らない。(7)

表通りのカフェーと裏通りのバーでは趣や客層は違っていても、女性が男性を接客するという業態であることに変わりはなかった。銀座にバーが増えたことについては、前掲の今和次郎編『新版大東京案内』にも紹介されている。同書によると、これらのバーは高級志向を売りにしており、客層を選んでいたようだ。バーの価格設定については次のように説明されている。

たゞ残念なのは、これらのバーが客の制限上日本製のビールを出さないで、一本一圓二三十錢するドイツ・ビールを飲ませることである。バーは洋酒本位なので、少くとも五圓位は持つてゐないと落着いて飲めぬ恨みはあるが、それでもそこの適當な照明や椅子の配置によつて割に一人を樂しめるので、一圓のチツプはそんなに高いものではない。(8)

この説明からバーが洋酒のみを扱う客単価の高い業態だったことがわかる。カフェー業態の場合はコーヒー一杯や生ビール一杯でも利用できるため、価格では客層をセグメントできない。それに対して、バー業態であればお金に余裕のある人しか近寄れない価格帯を設定することができたのである。震災前から銀座に通い詰めていたインテリ層にとっては、カフェーの氾濫はカフェー離れの要因ともなった。自尊心を満足させるより穴場的な店や一般客が近寄りにくい店を必要としていったことがバーの増加の背景にあった。流行をつくりだす背景にある差異化の欲望はどの時代にも共通した心理なのである。

では、女給たちの服装はどのようなスタイルだったのだろうか。有明曉は当時の銀座の女給たちの服装について次のように述べている。

図5－1　1929年当時の銀座の女給たち（『カフヱ・ヱンド・レストラン』創刊号より）

表通りの女給君はモダンな容姿をしてはゐるが、飛び離れたモガ振りや洋装をしたものは殆んとゐない。流石一流どことあつて共通した洗練さを持つてゐる。錦紗にヱプロンが共通の服装である。鏝目《こてめ》をはつきりさせて額《ひたひ》のところに恰好のい丶デコボコをつけ、モヂヤモヂヤしたところを適當に見せてゐるのが此頃の銀座女給の髪型である。これは映畫女優の影響であらう。着物をつけた姿もスラリとした清楚なものが喜ばれてゐる。モダンな、しかもスマートなところで客の眼を惹くといふのが銀座ウエートレスの特色である。但し、一歩銀座の裏通りに廻れば全然別味である。表通りでも店々によつて多少女給のタイプが異ふのはこれはやむを得ない。(9)

当時は銀座のカフェー女給といえば錦紗にエプロンというのがお決まりだったが、各店が差別化戦略のために女給たちの服装に個性を出していた。一九二九（昭和四）年六月発行の雑誌『カフヱ・ヱンド・レストラン』創刊号には「銀座のスター」というタイトルで女給たちの写真が掲載されている（図5－1）。この写真で紹介されているのは「じゅん・バー」「サンチャゴ」「松月」「ギンブラ」「クロネコ」「丹頂」「コロンビア」「キリン」の女給たち一〇名である。そのうちエプロンを着用しているのは「クロネコ」と「キリン」の二名だけである。「クロネコ」も「キリン」も銀座表通りに面したカフェーという共通点がある。髪型にも店の個性が感じられる。「松月」の女給はあえて日本髪で他店との差別化を図っている。

もう一枚、酒井眞人が撮影した写真を確認してみよう。酒井眞人著『カフエ通』には、「禁斷の果實を食べるやうにしてたうとう女を撮つてしまつた」[10]というキャプションと共にバー「ムーラン」の女給たちの写真が掲載されている（図5－2）。この写真でも女給たちはエプロンをつけていない。バーを中心に東京でも女給たちの装いから徐々にエプロンが消えていた。女給は給仕をするだけでなく、客と共に座って談笑相手となることがバー化の流れとともに確立されていた。図5－2の写真奥には白いジャケットに蝶ネクタイ姿の男性給仕が立っている。女給たちの仕事が給仕ではなく、談笑相手になることだった

図5－2　バー・ムーランの女給たち（酒井眞人『カフエ通』より）

図5-3　バー「ムーラン」の外観（『カフェー概観集 巻一（建築写真類聚 別巻）』より）

ことがわかる。「ムーラン」の外観を一九三三（昭和八）年刊行の『カフェー概観集』で確認することができた（図5-3）。内装にも外装にもこだわった小さな店舗が、銀座の男性たちの憩いの場となっていた。おしゃれでスマートな空間であることが重要視され、新たな夜のトレンドをつくりつつあった。

マダムになった有名女優

銀座に登場した高級なバーのなかに有名女優の店が登場しはじめた。渡瀬淳子の「じゅん・バー」（図5-4）、花柳はるみの「サンチャゴ」、水谷八重子の「メーゾン八重子（メゾン・ヤエ）」である。これらの店はマダムと店舗の関係がそれぞれ異なっていた。「じゅん・バー」では元新劇女優の渡瀬淳子が毎日店頭に立ち接客をしていた。「サンチャゴ」では花柳はるみが現役の女優だったため本人が店頭に立つことはあまりなかった。水谷八重子の「メーゾン八重子（メゾン・ヤエ）」はオーナーに頼みこまれて名義を貸したもので、水谷八重子が店に出なくても良いという契約内容になっていた。(11)

渡瀬淳子の「じゅん・バー」は渡瀬がバーを本業としていたこともあり繁盛店となっていた。渡瀬淳子とは、当時演劇界に名を馳せていた澤田正二郎の元妻である。二人の子どもをもうけたが、離婚後子どもたちは澤田のもとで育てられることになり、渡瀬は面会を許されなかった。渡瀬は一旦東京を離れ、故郷大阪でカフェーを経営したが、再び上京し一九二八（昭和三）年に「じゅん・バー」を開業した（図5－4）。人脈に助けられ、「じゅん・バー」は著名人を顧客にもつバーとして繁昌した。

渡瀬淳子に関する逸話は、彼女の奔放な性格が強調されることが多い。だが渡瀬はバーのマダムとしては、情に厚く采配も上手かったようだ。有明暁は渡瀬が女給を連れ出そうとする客をあしらう様子を目撃し、次のように記している。

「まあ、そんなこと！家は外へは絶對に出しませんから、お斷はり致します。」澤正の細君をやつたゞけはある。口上の慥かさは流石だ。先づこう極めつけてから「まあ、そんな冗談を言はずに、未だ早いのだから奥でもつと飲んでいらつしやい」と、男の肩の邊をピシヤリ！そしてニツと微笑、正に千金。[12]

図5－4　「じゅん・バー」の外観（『カフェー概観集 巻一（建築写真類聚 別巻）』より）

渡瀬にピシャリ！とやられた男はどこかの華族の某子爵だったようであるが、すごすごと奥の部屋に戻っていったという。

渡瀬は女給たちのマネジメントも徹底していた。店舗の二階が渡瀬の住居兼女給部屋となっていたが、一日おきに女給を泊まらせて行動を管理した。また修養のためとして日記をつけさせたり、掃除を習慣化させたりと女給の生活面にも気を配っていた。[13] バーのマダム兼寮母さんといったところだろうか。「じゅん・バー」に勤める女給のうち二人が谷崎精二を媒酌人として結婚をして家庭に入ったようだ。[14] 渡瀬は雑誌のインタビューでこのことを嬉しそうに話し「酒場の女でも立派に結婚してゆかれる人を幸福に思ふのよ」と答えている。[15]

渡瀬淳子は一九三〇（昭和五）年一月二日の朝、脳溢血で突然帰らぬ人となった。その日の午後に二人の子どもが駆け付けたことが新聞で報じられている。東京で暮らすための生業としてバー経営に本腰を入れていた矢先のことであった。

2 カフェー規制の強化

大阪道頓堀の「キャバレー化」と取締り

銀座で小規模かつ高級志向のバーが最先端になりつつある頃、大阪道頓堀では全く逆の方向にカフェーが変化していた。カフェーの大箱化、大衆化である（図5-5）。銀座のカフェーが「バー化」していたとするならば、道頓堀のカフェーは「キャバレー化」の様相を呈していた。銀座とは異なる大阪カフェーの雰囲気については、その違いを報告する記事が散見される。

佐藤惣之助は『女性』一九二八（昭和三）年五月号に「最近のカフエ観」という論考を寄せている。この記事によると、佐藤は震災直後に一時カフェーを経営したことがあったようだ。[16] 佐藤は大阪のカフェーの店内演出を次のように紹介している。

ちよいと「夜」の取扱い方に感心した。「夜」をさらに「黑」くする。或ひは藤色にする。水色にする。（中略）東京は宴會趣味、白晝光、開放主義で、奥よりも幅でゆくが、關西では深み、纏まり、小集趣味でゆく。（中略）卓子《テーブル》はもちろん夜の色、カーテンも黑、それに光線が花をつくり、女が思い切つて大きな模様のやうにあらはれる。それに大概は上等な蓄音器を持つてゐる。(17)

図5－5　1929年頃の「赤玉食堂」（日比繁治郎『道頓堀通』より）

大阪のカフェーの照明と音響を東京のカフェーと比較して紹介していることの記事から、大阪では店内の照明を暗くして色つきの電飾を目立たせるような内装であったこと、店内のBGMにこだわり、良い蓄音器を置いていたことがわかる。夜の享楽的な雰囲気を演出し、妖艶な空間をつくり出していた。佐藤は女給についても大阪と東京を比較し、次のように述べている。

大阪の「美人座」といふ家と「乙女座」といふ家では、この「をんな」が主眼で、まづ東京の「タイガー」や「黑猫」や銀座猛獣街よりは粒が揃つてゐて、互ひに競艶の態である。「美人座」では客が來ると入口のボーイさんが綾子さァん、百合子さああん……。と番號でその番々を呼び立てる。「乙女座」といふ家では、入口の屋根に庵看板を立て、名題俳優のやうに女給の名をつらね、造花や提灯が燃えるやうで、室内の卓子も、菖蒲とか櫻とか、その女給の名と容貌にふさわしい装飾がしてある。[18]

客が入店すると、ボーイが担当女給を大きな声で呼ぶ「呼びあげ」は大阪カフェーのやり方だった。村嶋歸之は、この「呼びあげ」は客に女給の名前を印象づけ、女給目的で再来店を促す狙いがあったと述べている。[19] 大阪では女給はエプロンを付けておらず、掃除などの裏方仕事からはなれ接客専門になっていた。しかも女給たちは「ベツタリと客の隣へ座つて」体を密着させて接客していた。村嶋は大阪女給の接客を「芸者化」[20]という言葉で表現している。この変化を「芸者化」ということについては議論の余地があるかもしれないが、もはや給仕ではないという点については誰も異論はないだろう。

大阪道頓堀では、カフェーの宣伝合戦が白熱していて、店頭ののぼり、看板、呼び込み、マッチの配布など、あらゆる手段で客を引き込もうとしていた。酒井眞人は大阪カフェーの宣伝合戦の激しさについて次のように述べている。

あの道頓堀のけばけばしいカフエの光彩は、いくら銀座の裏に近頃バーが軒を並べたからといつて、到底大阪の比ではないのである。そして又躍氣となつたカフエの宣傳振りは、上品に収まりかへつた、マッチさへところによつては中々くれぬ銀座のカフエなどの到底想像もつかぬところである。大阪のカフエは、女給を揃へることよりも先きに、先づ店の宣傳合戰を始めるのである。だから美人座が、大擴聲器《だいくわくせいき》のトーキーと大きく掲げれば、ユニオンは、「カフエ行進曲」とかいふ何かの新聞の増刊を表に、又道頓堀の赤玉は、マネキン・レビュー出演と聲を大にし、さうかと思ふと日輪では、家の半分もあらうといふ大幟《おほのぼり》に、「超時代的美給がエプロン姿でサービス致します」と麗々しく掲出するといふ鹽梅である。(21)

大阪に登場したこの派手な大規模業態はカフェーというよりはキャバレーである。大阪のカフェーと東京のカフェーの違いは、当局の規制の厳しさの違いも背景にあったようだ。大阪のカフェーでは照明や音響を駆使して享楽的な雰囲気を演出していたのに対し、東京では派手な演出が取締まりの対象となっていた。酒井は取締まりの違いについて、次のような具体例を挙げて比較している。

どうして、大阪と東京と、かうも違ふのであるか。たとへば、銀座の、新らしく出來た森永賣店では、その喫茶室にスクリーンを設けて、紅茶を飲みながら耐光設備で實寫や漫畫を見せる計畫なのだが、それすら中々許可が下りなかつたのに、大阪ではもう既に活動寫眞の映寫が許可せられた。ましてジヤズにステージ・ダンスなどは、もうとつくの昔である。(22)

地域ごとに規制の程度が異なる背景には、当時カフェーを取締る明確な法規制が存在していなかったことがある。カフェーは女給で客を集め、享楽的な雰囲気を演出するようになっていたが、届出という点では洋食を提供する飲食店に過ぎなかった。法的には一八八五（明治二八）年に制定された「待合茶屋遊船宿貸席料理屋飲食店及芸妓屋ニ関スル取締規則」が適用されていた。

カフェーの歓楽施設化が強まるにつれて、全国的にカフェーを取締まる規制の必要性についても指摘されるようになっていった。特に大阪では、他の地域に先行してカフェーの規制を求める声が表に出始めた。大阪のカフェーは施設の規模拡大とともに、ダンスホールが併設されるようになり、当時流行していたアップテンポなジャズを大音量で流すようになっていた。村嶋も大阪のカフェーにジャズやダンスという要素が導入されたことが当局の眼が厳しくなったきっかけだったと捉え、「そこへ這入つて來たのがジヤズである。ダンスである。その時だ、今まで我慢に我慢してゐた當局の神經がピリリツと動き出したのは」[23]と述べている。

大阪では、一九二七（昭和二）年三月にダンスホールが厳しく規制され、ダンスホールと飲食営業を同じ店のなかに併設することができなくなった。一九二七（昭和二）年一二月にはダンスホール自体を禁止した。[24]男女がペアになり手と手をとって踊る社交ダンスは、当時の日本では、風紀を乱す不良行為であるかのように見られていた。やがてダンスホールに端を発した風紀の取締りは、カフェーにも及んでいったのである。

大阪でカフェーの取締り強化に関する議論が表に出たきっかけは、大阪商工会議所の議員たちが県知事宛てに取締要請の建議を提出したことだった。[25]店の従業員たちの風紀問題というのが理由であったが、商工会議所の議員たちが花街の常連だったことから、花街の利権を擁護する商工会議所がカフェー経営者に圧力をかけるという構図で見られることもあった。女給たちのなかには女給組合をつくって労働条件の改善を訴える者もあり、大阪でのカフェーを巡る騒動は他の地域からも注目を集めた。

にらみを利かす警視庁

大阪でダンスホールの取締りが厳しくなると、一九二八（昭和三）年に、道頓堀の「ユニオン」は東京の日本橋区人形町に進出し、ダンスホールとカフェーの複合施設を開業した。これが道頓堀キャバレーの東京進出第一号であった。その頃から東京でも警視庁はダンスホールに出入りする男女に厳しい監視の目を向けるようになっていった。待合近くでの営業を禁じ、また一八歳以下の入場を禁止した。人形町「ユニオン」の支配人は風紀の問題について次のように述べている。

ダンスの風紀は即ちダンサーの風紀と云ふことになります。そして此ダンサーの風紀と云ふことは、理解のない社界から非常に酷しく詮議されて居りますが、其批判の多くは、ダンス―異性の抱擁―堕落―といふやうな觀察から來た一の想像論であり、推定であつて、必ずしも其推定は正鵠を得ては居りません、例へば是れをダンサーの收入と云ふ點から見ましても、一人前に踊り得る人は少なくも二百圓以上の收入を確實に得られるのですから、彼女等は一般の職業婦人として先づ最高の地位を占めて居る筈であるのに夫れ以上、他に世間の想像するやうな收入の道を求むる必要が何處にあるかと思はれます。[26]

それでもやはりダンスホールへ風当たりは強く、カフェーやバーのように一般の人々が気軽に出入りする場所にはならなかった。その一方で、カフェー店内で映画上映やレビュー鑑賞を許可して欲しいという申請も出されるようになっていた。[27]

そんななか、東京では一九二九（昭和四）年七月に丸山鶴吉が警視総監に着任したことをきっかけに、カフェーの規制強化がはじまった。[28] 丸山鶴吉は「明るく、強く、正しく」をモットーに、[29] 就任早々あらゆる方面から社会風紀の是正に取り組んだ。カフェーについては、まず徹底的な調査に着手し、七月三一日には東京市内外の全署にあてて、管轄地域内のカフェー、バー、レストラン、喫茶店の数、設備、営業状態とともに、女給の人員、生活状況、勤務態度、収入の程度、配偶者の有無などの調査を命じた。[30] 丸山はカフェーの経営者たちだけでなく、女給たちにも目を光らせていた。カフェーの調査に着手したことについて、丸山の発言が『讀賣新聞』一九二九（昭和四）年八月一日付朝刊に記されている。

餘りに廢頽的な風紀のびまんしてゐる現世相を默視する事が出來ず、斷然强壓的取締りを敢行し暗黒面を徹底的に□發して根本的に叩き直す事にした、時代逆行とか、流行阻止とかの非難を招くかも知れないが一般の常識から推して當局が斯うした手段を執る必要を切實に感じた氣持ちは識者も認めてくれる事と思ふ。[31]

丸山の発言から、徹底的に街の浄化を図ろうという強い決意が伝わってくる。

丸山総督がカフェー取締規則を発表したのは九月七日のことであった。[32] 警視庁はかねてより銀座、新宿、上野、浅草などのカフェーやバーを細かく調査しており、調査結果をもとに新しい規則をつくり各署の担当者に方針が示された。[33] 築地署においては、新たな取締規則を徹底させるために主だったカフェーの女給たちを招集し直接指導をおこなった。[34]「「カフエー」「バー」等取締要綱」については『警視庁史　昭和前編』に全文が掲載されているが、[35]酒井眞人が『カフエ通』のなかで要点を整理しているので、次に引用する。[36]

一、新規營業及び移轉を不許可とするものは
（イ）市街地にありては百米以内、その他の場所では五十米以内に同種營業所あるとき
（ロ）百米以内に學校のあるとき
（ハ）構造設備が左記に該當するときは改造を命じ若しくは不許可とすること
　（A）別室または隔壁にして風紀を紊る虞あるとき
　（B）客用の浴槽または舞臺を設くるもの
　（C）照明著しく暗きもの、または異様にわたるもの
二、營業者には左記事項を嚴守せしむること
（イ）營業時間は午後十二時限り
（ロ）客の誘引をなしまたはなさしめざること
（ハ）女給をして客と同伴外出せしめざること
（ニ）女給をして藝妓類似の行爲をなさしめざること
（ホ）客の求めなき飲食物を提供し、または食券・招待券等の押賣をなさざること
（ヘ）女給より出錢その他名義の如何に拘らず金錢物品を徴收せざること

規制の内容は、新規出店する場合の立地に関する事項、店内設備に関する事項、営業方法や女給の接客方法に関する事項であり、客に関する規制は含まれていない。しかし規制強化を受け、カフェーのなかには、学生の入店を禁止する店があった。『東京朝日新聞』一九二九（昭和四）年九月一五日朝刊には、「学生服学生帽の御方は不本意乍ら御断り申候」という看板の写真が掲載されている。新聞掲載の前日九月一四日にこの看板を出したのは、銀座のカフェー「クロネコ」であった[37]。警察官の桑原幹根は「カツフエーやバーの弊害は數多いであらうが、其の最も恐るべきは青少年に與へる悪影響である。警察も此の點には特段の力を向けねばならない[38]」と述べ、学生の立入禁止を歓迎している。銀座のカフェーにとって、もともと学生は歓迎されていなかったことは既述の通りである。

この規制のなかで、カフェー経営者にとって痛手となり女給にとって喜ばしい規制が出銭の禁止であった。出銭の禁止についてカフェー・タイガー関係者は「眞に問題とするならカフエーの女給の出銭などよりは日本料理屋の女中制度の方がより重大だらうと思ひます、一日五十錢や一圓の比ではありません、併しどういふものかいつもカフエーの方ばかり騒がれるやうです[39]」と不満を述べている。例えば、出銭が仮に一日一円だとすると、女給は月に二五円～三〇円は店に支払っていたことになる。もし一〇人の女給を抱えていたとすれば、二五〇円～三〇〇円の収入減となる。出銭の禁止はカフェー経営者にとって厳しい決定であった。だが結局は名目を変更して支払わせることになっただけで、女給の負担が軽くなることはなかった。

3　関西勢の銀座進出に伴う「女給商品化」

一九三〇（昭和五）年は、日本社会が昭和恐慌と呼ばれる不景気に突入した。銀座ではカフェーの取締り強化に反し、さらにカフェーが氾濫するようになっていた。関西資本のカフェーが銀座に進出し、銀座の夜が一変したのである。変化のひとつは「サロン春」の開業に象徴される高級路線の確立、もうひとつは「美人座」「日輪」「銀座会館」に代表される大衆向け大阪カフェーの銀座進出であった。しかし、高級路線、大衆路線という異なるカフェー業態は、女給の商品化を定着させたという点においては共通のビジネス構造であった。

名士がつどう高級路線の「サロン春」

東京で帝都復興祭が開催されたのは一九三〇（昭和五）年三月二六日のことである。関東大震災からの復興を日本中が祝っていたちょうどその頃、銀座ではカフェービジネスの転換期を迎えていた。一九三〇（昭和五）年の春、銀座のカフェーに新風が吹き込んだ。「サロン春」の開業である。[40]「サロン春」は、容姿端麗な女性を戦略的に揃えたことに加えて、明確にインテリ層をターゲットにして高級路線をとった。「サロン春」の経営者は神戸出身の奥弘之であった。[41]奥弘之は灘の日本酒「大黒正宗」蔵元の息子で、明治大学を卒業した若き実業家であった。[42]「サロン春」の場所は、慶應義塾大学出身者の会員制クラブが入っていることで有名な交詢社ビルの一階であった。出店場所にこの立地を選んだことからも、「サロン春」が店の格式を重視したことがわかる。「サロン春」の立地について、支配人の森本は次のように述べている。

あの三田系統を引く財界の巨頭をメンバーとする銀座の交詢社ビルヂングの一階に計らずもその場所を見出し、遂にサロン、春と云ふ店名の下に開業したのです。之のビルヂングを背景に持つたと云ふことは非常に強味でありまして、私共の信用の裏書は勿論のこと、此のビルヂングにお集りの名士の方々による宣傳は何によりにもまさる大きな力なのでした。[43]

支配人の証言により、「サロン春」が開業数カ月で名士が集う一流サロンとなっていたことがわかる。一流の客が好むように、内装や家具、照明についても上品さと落着きを重視した。酒の品揃えについては、洋酒はもちろんのこと、経営者の実家が日本酒の酒蔵だったことから、代表銘酒「大黒正宗」も扱い、販売促進にも努めていた。また、女給について森本は次のように述べている。

女給はやはりバーとしてどうしても使はねばならぬので十數人使つて居りますが、他店と異つてゐると申せば、概して年増の人が多いことです。之は御客様が相當な地位の方。或は年に於いても相當な御連中の多い處から、萬事に渉つて行き届いたサーヴィスを以つて當らねばならぬと言ふ點で二十二三歳からそれ以上の人を主としたのです。[44]

二二、三歳を年増と表現していることには違和感をおぼえるが、「サロン春」が客層に合わせる目的で、少女風の若い女性を採用せずに大人の女性を採用していたことがわかる。この大人の女性を採用する作戦は成功し、「サロン春」は女給たちが粒ぞろいであるという点でも評判を呼んだのであった。

酒井眞人は一九三〇（昭和五）年一一月発行の小冊子『東京盛り場風景』のなかで「サロン春」について「交詢社の階下サロン・ハルは、いま銀座での人氣を一手に引受けてゐる」(45)と述べている。開業から一年も経たないうちに、すっかり銀座ナンバーワンカフェーの座を手に入れたのである。

安藤更生は「サロン春」の客層について、次のように述べている。

よく見給へこの店には若い客など殆ど見られはしない。みんな中老の、頭のテツペンが薄くなりつゝある連中ばかりである。一方、この店は今や文士全盛である。菊池寛、久米正雄、近藤經一、吉井勇、中村武羅夫、山内義雄、三上於莵吉、城戸四郎など毎晩來る。餘りカフエを好まない西條八十すら近頃はよく姿を見せる。一時のタイガアのお株を奪つた形である。文士以外では鳩山秀夫などもチヨクチヨクやつて來て大學生などにタカられてゐる。(46)

カフェー・タイガーに入り浸っていた文士たちは、すっかり「サロン春」党になってしまったようだ。そんな「サロン春」の開業直後から、銀座には大阪資本の大型カフェーが続々と進出してきたのである。

派手なネオンで飾る大衆路線の道頓堀カフェー群

大阪カフェーの銀座進出は、一九三〇（昭和五）年六月に「美人座」が銀座一丁目大通り沿いに開業したことから始まった。「美人座」は大衆路線の大規模カフェーで、派手なネオン装飾と大勢の女給で客を集めた。つづいて、同年一〇月に「日輪」が京橋際の銀座一丁目に開業した。そして一一月に「銀座会館」が銀座二丁目の大通り沿いに開業すると、銀座通りの北側、京橋寄りの一丁目・二丁目の雰囲気がネオン街に一変した。これらの道頓堀資本の大規模カフェーは一〇〇人を超える女給を抱え、大衆向けのカフェーとして営業したのである。

「銀座会館」を経営したのは、道頓堀で「赤玉食堂」を経営する榎本正であった。榎本正はこの「銀座会館」を足掛かりに、念願の銀座進出を果たした。榎本正は弟の榎本明三とともに戦後までもの長きにわたり夜の銀座のキーパーソンとなる人物である。開店当初の「銀座会館」のネオンには「キャバレー」の文字が点滅していた。道頓堀スタイルの派手で濃密な接客が話題となり、三階部分にはスペシャルルームと称して個室も設置されていた。女性のなかには客との外出を辞さないものもいたようだ。

しかし、それを丸山警視総監率いる警視庁が黙って見過ごすわけがなかった。「銀座会館」は開業直後に警視庁の指示で一週間の営業停止を命じられた。そのことを一九三〇（昭和五）年一二月九日の『讀賣新聞』が次のように報じている。

東都カフエー界の王座を目指して銀座二丁目に一ヶ月前華かに開店した大阪赤玉支店銀座會館が

遂に警視廳保安部の怒りに觸れて八日から向ふ一週間營業停止といふキツイ御處分を喰つて了つたのである、原因は要するに、時流に乘じ過ぎて丸山さんが凛然取締るところの帝都を甘く見過ぎた一點にある　許されてもゐないし、又演じてもゐない店先には堂々とネオンで「キヤバレー銀座會館」と大看板が出てゐることや再三の注意に拘らず、室内の照明は海の深淵の様に暗くて、チップ万能の大阪移入の女給が盛んにエロ・サービスに奔躍したのはまだしも銀座西二丁目の大阪女給の寄宿舎には二十餘名の女給が宿つてゐたが、毎夜滿足に歸舍したものは五六名で他の十數名は、朝方眠むい顔をこすりながら歸つて來る事はその界隈の評判(47)

「銀座会館」は開業後すぐに営業方針を転換することになった。一週間後の一二月一五日付『讀賣新聞』には仕切り直して再スタートをする旨の告知広告を掲載している(48)。かくして道頓堀カフェー群も、大箱の華やかさはそのままに、東京式の接客で銀座に根を下ろしていくことになったのである。

一九三〇（昭和五）年以降、銀座のカフェー業態は多様化し、客にとっては選択肢が増える結果となった。以前から銀座のカフェーに通っていたインテリ層は高級路線の「サロン春」を支持した。一般会社員向けには大衆的な道頓堀のカフェー群が用意された。あらゆる層が観光気分で夜の銀座を歩き、ネオン風景そのものが名所化していった。「銀ブラ」は一部のインテリの専売特許ではなくなったのである。

(1)『文藝春秋』一九二九(昭和四)年三月号、九六—一〇九頁。

(2) 同書は今和次郎以外の執筆者氏名が記されていないので、カフェーに関する記述が誰によるものなのかは不明である。今和次郎は当時早稲田大学の教員という立場だったため、学生の素行を身近に見ていたはずである。同書によると、当時の不良学生には三つの分類があり、マルキシズムに傾倒する思想派のタイプ、スポーツに打ち込み武闘派になるタイプ、女性をたぶらかす軟派タイプとなっている(今和次郎編『新版大東京案内』中央公論社、一九二九(昭和四)年、二七二頁より)。

(3) 前掲、今和次郎編『新版大東京案内』、二七三頁。

(4) 前掲、今和次郎編『新版大東京案内』、二八〇頁。

(5) 前掲、酒井眞人『カフエ通』、九九—一〇〇頁。酒井眞人の『カフエ通』は、巻頭「小序」の日付は一九二九(昭和四)年一二月となっている。発行は一九三〇(昭和五)年であるが、一九二九(昭和四)年当時のカフェーの様子を記した史料として読む必要がある。

(6) 前掲、酒井眞人『カフエ通』、一〇〇—一〇一頁。

(7) 有明曉『カフヱ行進曲』新進社、一九二九(昭和四)年、一三頁。

(8) 前掲、今和次郎編『新版大東京案内』、一五八頁。

(9) 前掲、有明曉『カフヱ行進曲』、一九—二〇頁。

(10) 前掲、酒井眞人『カフエ通』、八八頁と八九頁の間の写真のキャプション。

(11) 雑誌『カフヱーヱンドレストラン』カフヱーヱンドレストラン社、一九二九(昭和四)年六月、二二—二九頁。雑誌の詳細については不明(筆者所蔵)。

(12) 前掲、有明曉『カフヱ行進曲』、七—八頁。

(13) 前掲、酒井眞人『カフエ通』、一一三頁。座談会における渡瀬淳子の談話。
(14) 前掲、『カフヱーヱンドレストラン』、二七頁。
(15) 前掲、『カフヱーヱンドレストラン』、二七―二八頁。
(16) 佐藤惣之助「最近カフエ観」『女性』プラトン社、一九二八（昭和三）年五月号、一〇八頁。「をんな達の内幕をすつかりのぞいて、頭髪の虱《しらみ》や腰巻の汚れに愛憎をつかした」と述べている。
(17) 前掲、佐藤惣之助「最近カフエ観」、一〇六頁。
(18) 前掲、佐藤惣之助「最近カフエ観」、一〇七頁。
(19) 前掲、村嶋歸之『歡樂の王宮　カフエー』、四六頁。
(20) 前掲、村嶋歸之『歡樂の王宮　カフエー』、四四―四六頁。
(21) 前掲、酒井眞人『カフエ通』、三〇頁。
(22) 前掲、酒井眞人『カフエ通』、三二頁。
(23) 前掲、村嶋歸之「大阪カフエー彈壓史」、一七九頁。
(24) 前掲、村嶋歸之「大阪カフエー彈壓史」、一八二頁。
(25) 前掲、村嶋歸之「大阪カフエー彈壓史」、一八四頁。
(26) 前掲、『カフヱーヱンドレストラン』、二一頁。
(27) 『讀賣新聞』一九二九（昭和四）年五月二六日、朝刊、七頁。
(28) 第三三代警視総監。在任期間は一九二九（昭和四）年七月三日から一九三一（昭和六）年四月一四日（警視庁史編纂委員会編『警視庁史　昭和前編』より）。
(29) 『讀賣新聞』一九二九（昭和四）年七月七日朝刊、七頁。
(30) 「帝都ジャズ化のカフェに大鉄槌　全署に調査を厳命す」『讀賣新聞』一九二九（昭和四）年八月一日朝刊、

七頁。

(31) 前掲、「帝都ジャズ化のカフェに大鉄槌 全署に調査を厳命す」の記事に同じ。

(32) 警視庁史編纂委員会編『警視庁史 昭和前編』一九六二(昭和三七)年、八一一頁。

(33) 「カフェーとバーに受難の時代来る 鬼総監の名に恥じず 手も足も出ぬ新取締規則」『東京朝日新聞』一九二九(昭和四)年九月八日朝刊、七頁。

(34) 前掲、今和次郎編『新版大東京案内』、一五四頁。

(35) 前掲、警視庁史編纂委員会編『警視庁史 昭和前編』、八一一―八一二頁。

(36) 前掲、酒井眞人『カフエ通』、一九―二〇頁。

(37) 前掲、酒井眞人『カフエ通』、二九頁。

(38) 桑原幹根『警察風景』松華堂書店、一九三〇(昭和五)年、一四一頁。

(39) 『東京朝日新聞』一九二九(昭和四)年九月八日朝刊、七頁。

(40) 「サロン春」の正確な開業日時はわかっていない。筆者は、森本耐三「灘の酒問屋の御曹子が銀座を背景にバーを經營」『商店界』一九三〇年六月号、二六頁に「開店後三四ヶ月の今日」と記されていることを根拠に、一九三〇年春頃と判断した。「サロン春」の開業時期については諸説あり、銀座社交料飲協会『銀座社交料飲協会八十年史』では「一九三〇年の春頃」と記されている。野口は「一九二九(昭和四)年一一月」としている(野口二〇一八、一二五頁)。

(41) 森本耐三「灘の酒問屋の御曹子が銀座を背景にバーを經營」『商店界』一九三〇(昭和五)年六月号、二六頁。

(42) 前掲、森本耐三「灘の酒問屋の御曹子が銀座を背景にバーを經營」、二六頁。

(43) 前掲、森本耐三「灘の酒問屋の御曹子が銀座を背景にバーを經營」、二六頁。

(44) 前掲、森本耐三「灘の酒問屋の御曹子が銀座を背景にバーを經營」、二七頁。

(45) 酒井眞人『東京盛り場風景』誠文堂、一九三〇（昭和五）年、二〇頁。ちなみに、今和次郎編『新版大東京案内』（一九二九（昭和四）年一二月刊行）と酒井眞人『カフエ通』（一九三〇年一月刊行）は、どちらもサロン春開業前に出版されており、サロン春に関する言及がない。

(46) 安藤更生『銀座細見』、春陽堂、一九三一（昭和六）年、一二三頁。

(47)『讀賣新聞』一九三〇（昭和五）年一二月九日、朝刊、七頁。

(48)『讀賣新聞』一九三〇（昭和五）年一二月一五日、朝刊、七頁。

第六章　「女給ブーム」による銀座女給の記号化

1　物語のなかの女給たち、モデルとなった女給たち

大阪資本の大型カフェーの進出で銀座通りがネオン街に変貌した一九三〇（昭和五）年は、女給を題材にした小説や映画、エッセーが氾濫した年でもあった。この二つの現象はパラレルな現象であり、相互に作用しながら女給の記号化を促進した。好奇心を刺激する小説や映画での女給表象、ギラギラと変化をとげる銀座の夜の風景、そしてそれらの現象を追いかける新聞や雑誌の記事という循環が起こったのである。[1]この時期の女給ブームはカフェーとは別個の存在として「女給」が描かれていた。女給ブームの主役は女給と呼ばれる女性そのものなのである。

ベストセラー『放浪記』林芙美子のロールモデル化

林芙美子の『放浪記』が雑誌『女人藝術』に掲載されたのは一九二八（昭和八）年一〇月であったが、単行本が刊行されたのは一九三〇（昭和五）年七月であった。『放浪記』は刊行されるや否や空前の大ヒットを記録した。参考までに跡見学園女子大学所蔵の一九三〇年『放浪記』（改造社）の奥付を

確認すると、七月三日に初版が発行されたが、同年九月一〇日には既に四〇版となっている。

林芙美子以前にも、女流作家が下積み時代にカフェーで女給をしていたという事例は存在していた。宇野千代が本郷の「燕樂軒」で働いていた頃に若い文士たちと交流を持っていたことは当時既に知れ渡っていた。プロレタリア作家として名声を得ていた平林たい子は関東大震災後のある時期カフェーで女給として働いていたし、その事実もよく知られたことだった。宇野、平林と林芙美子の違いは、林が女給当事者の視点で書かれた作品を発表して有名になったという点である。

林芙美子が最初に『放浪記』を発表したのは『女人藝術』の一九二八（昭和三）年一〇月号、タイトルは「秋が來たんだ――放浪記」であった。冒頭は次のように始まっている。

十月×日

一尺四方の四角な天窓を眺めて、始めて紫色に澄んだ空を見た。

秋が來たんだ。コツク部屋で御飯を食べながら私は遠い田舎の秋をどんなにか戀しく懐しく思つた。

秋はい丶な……。[2]

つづく翌日の日記には、次のように記されている。

十月×日

廣い食堂の中を片づけてしまつて始めて自分の體になつたやうな氣がする。眞實に何か書きたい。それは毎日毎晩思ひながら、考へながら、部屋へ歸るんだが、一日中立つてゐるので疲れて夢も見ずに寝てしまふ。

淋しいなあ。ほんとにつまらないなあ……。住込は辛い。その内通ひにするやうに部屋を探さうと思ふが、何分出る事も出來ない。[3]

林の『放浪記』は、カフェーで働く女給の視点からはじまっていたのである。この「秋が來たんだ——放浪記」が好評だったことにより、『放浪記』の連載が決まった。一九三〇（昭和五）年に改造社から単行本『放浪記』が刊行された時には、冒頭は「放浪記以前（序にかへて）」からはじまり、まとまった読物となるように編集しなおされている。そのため女給の視点は作品の一部となった。だが、無名の作家が最初に読者の支持を得たのは、女給の心情を記した部分だったのである。この点に着目すると『放浪記』のヒットは女給を主人公にした読物が広く世に出たという現象であった。しかも、その内容はノンフィクションであり、そのことの証明は林芙美子の存在そのものだったのである。

女給・田中雪子の娯楽小説『カフエー行進曲』

一九三〇（昭和五）年五月に刊行された田中雪子の『ユーモア事實小説　赤い灯青い灯　カフエー行進曲』という本がある。『讀賣新聞』一九三〇（昭和五）年五月七日に掲載された広告には「女學校出の女給の自叙傳で事實は小説よりも面白く花柳界を壓倒したカフエー内部の眞相が有りの儘に窺はれ尖端を行く女の思想と生活とが如實に知らる彼女の本業はサービスか人肉販賣か？[4]」という宣伝文が記されている。事実に基づいた本であるとされているが、田中雪子の詳細が不明であるために、書かれた内容がどの程度事実に基づいているのかを確認することは難しい。女給をテーマにした書籍が売れると見込まれていたことが本のタイトルに表れている。「ユーモア事實小説」というキャッチーな表現はもちろんのこと、「赤い灯青い灯」も「〇〇行進曲」も当時の流行語である。自らの女給体験を面白おかしく記述するというスタイルは、女給を題材にしたそれまでの作品とはコンセプトが大きく異なっている。

同書は、女学校出の女給「花子」が東京市内のあらゆるカフェーを転々とし、そこでの出来事が書かれている。本文のほとんどが客と女給の軽快な会話で構成されており、小説というよりは脚本のようである。

本文の書き出しは「カフエーからカフエーへ――わたつて歩いた女給《ウエートレス》の自叙傳よ[5]」からはじまる。花子が勤めていたカフェーを順に記載すると、大阪道頓堀の「ユニオン」、銀座の「カフェー・タイガー」「カフェー・クロネコ」「カフェー・ライオン」、上野の「カフエーサンキヨーテイ（三橋亭）」、本郷の「カフエー燕樂軒」、人形町のカフェー（店名不明）、渋谷のカフェー（店名不明）、舞台女優になった後、一文無しとなって玉の井の銘酒屋（店名不明）、神田のカフェー（店名不明）、神楽坂のカフェー（店名不明）、新宿「カフェー・ミハト」と渡り歩いている。本文中にある店名は実際の店名である。

当時、銀座の女給たちがどのように接客していたのかを知るために、同書からカフェー・タイガー店内の描写を引用しよう。

赤と青と紫といふ、三種の揃ひの衣裳を着たのが、みな白いエプロンをかけ、さながら花に戯れる胡蝶の如く、それが三組に分れて、およそ三十六人あまり、テーブルの周圍を、あちらこちらと、動いてゐるさまは、得も言はれぬ美しさですわ

こゝ歡樂の王宮、帝都の中心、銀座第一のカフエー、タイガーの室内は、粒ぞろひの美給が、研を競ひ、艶を争つて、ジンの匂ひとシガーの煙りとが絡み合ひ、むせツぽい空氣を漂はしてゐますの。(6)

図6-1　接客の様子を描いた『カフエー行進曲』の挿絵

煙草のけむりが充満している薄暗いカフェーでは、派手な着物を身につけた女給たちがひらひらと動きまわっていた（図6-1）。

花子の武器は座持ちの良い会話だったようだ。花子は「雑誌社を経営する富豪文士」の席では、ダジャレ合戦をくりひろげたり、芸能界の噂話を面白く聴いていた。水谷八重子が、夏川静江が、帝劇が、日活がといった具合である。その文士はテーブルの下から花子に十円札を渡したとあるから、相

当羽振りが良いようだ。

次にやって来たのは、大阪ユニオン時代から知っている「請負師」風の客である。ブローカー風の自営業者というところだろうか。

客　「あんた、何時、東京《こっち》へ來なすつた。」

花子「あの、先月よ。」

客　「よく大阪《あっち》で、あんたのやうな人氣者を、放してよこしたね。」

女給が店を移ると客がそれを追いかけるというパターンである。店を変えたことについて、花子は次のように答えている。

ウエイトレスは、カフエーの雇人ぢやありませんわ。言ふまでもありませんが、ウエイトレスは、カフエー店内のテーブルを借りて、そこを自分の作業場として、チップを稼ぐものですからね。それで、今日は東のカフエーにゐたかと思ふと、明日はまた西のバーへ移つてゐたといふ風に、「女給さん入用」の札の掲げられてある自分の好きなところへ、身を寄せられるといふわけなんですわ。(7)

女給がおかれている不安定な立場を逆手にとると、自由気ままに移動できる気軽さがあったようだ。

やがて請負師風の客は花子をからかいはじめ、ユニオンのイベントで花子が花魁の仮装をしたという話題を持ち出した。

客　「あんまり眞に迫つて、淫蕩的だつたから、あんたは、もと、遊女づとめをしたことがあつたかと思つたよ。」

花子「えッ！何ですッて？これでも、わたしは、處女なんだわ。」

客　「憤つたのかい。」

花子「憤りますともさ、口を利かない無神經な炭團だつて、焚かれりやァ憤つてよ。」

客　「ほい、こりやあ、大きな失敗《しくじり》だ。(8)」

客に遊女の経験があるのではないかとからかわれた花子は、当然自分は処女であると言って怒ってしまう。焦った客は花子をなだめはじめ、会話の主導権は花子に移っていく。

女給を主題にした読物では貞操が重要なテーマとなるが、この点については同書でも同じである。店を転々とするなかで、花子は或る晩、客との飲み比べで深酒し、酔った勢いで性体験をもってしまう。ところが花子は酔い過ぎて全く記憶がない。状況から判断するにおそらく自分は性体験をもったのだろうという推測がされているだけである。同書は終始このような調子で、淡々と女給・花子の出来事が綴られている。実話とは思われないほどの軽快な筆致で、拉致されたり、殺人を目撃したり、一文無しになったりする様子が記されている。はたして本当に事実に基づいているのだろうかと疑いたくなってしまうくらいである。

同書のなかで著者田中雪子の知性が表現されているのは、最も場末の店、玉の井の銘酒屋での出来事である。盛り場というよりも私娼窟として有名な玉の井で、客にこの場所に似つかわしくない雰囲気をもっているといわれて、花子は自分が跡見女学校卒だと答えている[9]。その後、その客と百人一首を花柳界風の替え歌にするという歌合戦を百首にわたって繰り広げる[10]。そのうちの一首を紹介しよう。

「孫もあるに、浮氣の止まぬ白髪ぢゞ、バーの女給《をんな》に、目尻さげつつ。[11]」

「山邊赤人……。」

このような調子で、百首全ての替え歌が記載されている。替え歌が繰り広げられる箇所は、同書の二八〇頁から二九八頁まで長々と続き、読み物としては冗長であるが、知的な諷刺が魅力的である。跡見女学校卒というのもあながち嘘ではないのかもしれない。玉の井の銘酒屋で繰り広げられるこの歌合戦が、同書の最大の魅力と言えるだろう。著者田中雪子は、自分の経験を題材にして面白おかしい娯楽小説に仕立て上げたとしても、そのなかに自分の知性とプライドを忍び込ませることにこだわったのかもしれない。謎の多い書籍であるが、女給ブームの先駆けとして興味深い。

廣津和郎『女給』に端を発した菊池寛のゴシップ騒動

「女給ブーム」が社会現象化したきっかけは、小説の主人公として女給が扱われたことである。とりわけ廣津和郎が『婦人公論』に連載した「女給（小夜子の巻）」と続編の「女給（君代の巻）」は、女給表象という点において影響力の大きかった小説である。小説『女給』誕生のきっかけは、ある女給が廣津に「わたしのことを小説に書いて下さい」と言って自分の半生を語り出したことであった。まずは同小説の連載開始当時の反応について確認しておこう。

廣津和郎による小説「女給（小夜子の巻）」は『婦人公論』一九三〇（昭和五）年八月号より連載が開始された。女給をテーマにした大衆小説が、中産階級の女性たちを読者にする『婦人公論』で連載されたことに注目したい。これはちょうど『婦人公論』の編集方針が大衆化路線に変わった時期のことである[12]。廣津が小説の掲載を提案した相手は、当時中央公論社の社長に就任していた嶋中雄作であった。この企画は嶋中の経営戦略にマッチしていた。嶋中は大衆化による販売部数増を目指しており、『婦人公論』も価格を七〇銭から五〇銭に値下げして発行部数が五万部から一五万部に伸びてきたところであった[13]。

『婦人公論』一九三〇（昭和五）年八月号発売日の二日前、七月一四日の『讀賣新聞』には『婦人公論』の広告が掲載され、廣津和郎の『女給』連載開始が大々的に宣伝されている。広告には「廣津和郎氏の不朽の名篇!!突如!突如!!小説界の大旋風現はる」「問題のモデル小説[14]」という扇動的なキャッチコピーが目につく。小説の内容を紹介している文章でも煽るような表現が続く。内容解説は次のように記されている。

小夜子！この女性こそ本篇の主人公です。男から男へ、チップのために媚を賣る小夜子、綺麗に札ビラをきる文壇の大御所××氏、可憐な女給を弄んで孕ませて捨てたラグビーの選手某君！歡樂境銀座に漂ふ赤い灯の中に、涙に滲む悲しい物語の数々はこの「女給」の一篇によつて始めて見られる縮圖なのです。泣けて泣けて仕方がない小説、昭和の不如歸です。全篇に躍動する人物は皆現在活動してゐる人々です。興味溢るゝ長篇小説！(15)

広告の派手な宣伝文から廣津の『女給』が大衆小説という位置づけであることが読み取れる。「全篇に躍動する人物は皆現在活動してゐる人々です」とあるように、登場人物が実在の人物をモデルに描かれているということも、読者の好奇心を刺激した。例えば、宣伝文中の「綺麗に札ビラをきる文壇の大御所××氏」という表現があるが、当時「文壇の大御所」といえば誰もが菊池寛を連想するというような時代であった。

実際に廣津の「女給（小夜子の巻）」が掲載されると、菊池はすぐさま『婦人公論』に抗議文を送った。ところがその抗議文を編集部が勝手に「僕と「小夜子」の關係」に改題し翌月の九月号に掲載したのである。激怒した菊池は中央公論社に押しかけ編集部員のひとりを殴打してしまった。廣津が菊池と中央公論社を仲裁し、その一件は落ち着いたのだが、この事件を巻き起こしたことで、連載小説『女給』はさらに注目を集めたのである。菊池寛とのトラブルが新聞の社会面などに掲載されたことで『婦人公論』の発行部数はさらに伸びた。結果として『女給』が多くの読者の目に触れることとなり、銀座女給のイメージを全国に流布したのであった。

では、廣津和郎『女給』における女給の描かれ方を確認していこう。『女給』は、「小夜子の巻」

「君代の巻」の二部構成になっているが、同時に進む二つのストーリーを、主人公を変えて見せていくという仕掛けになっている。つまり「小夜子の巻」では主人公が小夜子で君代は脇役であるが、君代の巻では君代が主人公で小夜子が脇役という構成である。物語のなかで小夜子と君代は対照的なキャラクターとして描かれている。この対照的な二つのキャラクターは、当時の女給イメージの典型例と見て差し支えないだろう。

小説のなかで描かれている小夜子は小樽出身で、幼い子供をひとりで育てている。貧しさゆえに仕方なく女給という職業を選択した。魅力的な女性ゆえに複数の男性から熱心に口説かれたり、なかには執拗な付きまといをする客がいたりするが、誘惑に負けずに気丈に振る舞う強い女性、という描かれ方である。

続編の主人公である君代は若くて内気な性格で、男性との恋愛経験もなかった。しかし客のひとりである学生に口説かれて恋愛感情を持つようになり、将来の約束をして体を許してしまう。君代は学生の子供を妊娠してしまうのだが、学生は君代から逃げて責任を取ろうとしない。学生のもとに話をつけに行くときには、小夜子に付き合ってもらう、というような人物設定である。小夜子も君代も男に泣かされ、小さな子どもをひとりで育てなければいけなくなってしまった悲運の女性という共通点を持って描かれている。

「女給（小夜子の巻）」が連載されると、モデルとなった女給の身辺も騒がしくなった。小夜子のモデルとなった女性は「とし子」という名前で働いていた。カフェー・タイガーで働いていた頃に菊池寛の寵愛を受けていたが、連載開始の頃にはクロネコに移っていた。小説が話題になると「とし子」

は店での名前を「小夜子」に変えた。[16] クロネコでは小夜子のモデルが在籍していることを店頭に掲げて客寄せをした。君代のモデルとなった「香代子」も小夜子と同じ店で働いていた。廣津の『女給』は、実在の人物と巧妙に絡み合い、さまざまな角度から世間を面白がらせた。読者たちは銀座の夜をのぞき見しているかのような興奮を覚えたのではないだろうか。

一九三一（昭和六）年三月に中央公論社から単行本『女給』が刊行されると、同書はたちまちベストセラーとなった。だがこの作品に対する文壇の評価は冷ややかなものであった。廣津の友人である三上於菟吉は、同作品はもっと評価されるべきだとして『文藝春秋』一九三一（昭和六）年五月号で「彼の女給が座談會の話題になぞ上ると、どうも文壇人が無同情で、讀みもしない人まで他をかへりみて物を言つてゐるやうに感じられて不滿だ」[17] と述べている。三上が小説『女給』がもっと評価されるべきだと考えている理由は、「『女給』といふ商賣が創まつて、二十年、この小説のやうに詳しく彼女等を書かうとした作品がない。彼女等の生活、感情、その他を書いたものがない。しかも文明史家から見て、後代とも彼女等の存在はその成立と、發展と、そしてさまざまな内面外面の問題は重要視されねばならぬのだ」[18] と考えていたからである。それほどまでに廣津の『女給』が文壇で無視されていたとすれば、菊池寛との騒動が原因のひとつなのだろうか。三上はあえて『文藝春秋』という場所で『女給』について言及したのだろう。

女給・木谷絹子による発禁本『女給日記』

一九三〇（昭和五）年冬に刊行された木谷絹子の『女給日記』は、日記を素材にしながら女給としての心情を赤裸々に告白していくというスタイルの私小説である。あきらかに『放浪記』の二番煎じであり、「女給ネタ」は売れると見込んだ出版社の意図がいたるところに見え隠れしている。同書は話題になった書籍ではなく著者の詳細についても不明だが、女給当事者による貴重な同時代史料という点に着目し、内容について考えていきたい。

木谷絹子『女給日記』は一九三〇（昭和五）年一一月二五日発行版があるが、一一月二一日付で発禁となっている。その後、一二月に改訂版が刊行された。[19]主人公は著者名と同じ「絹子」という名の女給である。女給として働き始めたばかりの一九歳の頃から二一歳で雇われ店主として神田にカフェーを開業するまでの出来事が断片的に綴られている。『放浪記』と同様に、日記には日付しか書かれていないが、内容から読み解く限り一九二七（昭和二）年の一〇月から一九三〇（昭和五）年の七月までの日記がもとになっている。同書には木谷が作家志望であると書かれているが、木谷絹子という名前で掲載されている著作物は同書以外には見当たらない。

本文の書き出しは、木谷が出版社の編集方針に異議を唱えるところからスタートしている。木谷は女給初日からの日記掲載を望んでいたが、出版社に「世間の方は、じめじめした、女給最初の經驗談なんか、興味をもたない」[20]と言われ、不本意ながら当該箇所を削除した。したがって同書は木谷の日記がベースになっているものの、どこを切り取るかについては出版社の意図が反映されていると考えて読む必要がある。内容については後述するが、同書の発禁改訂版で大きく削除された箇所は、最初の項目「盗まれた唇」の一部である。改訂版の発売に際し、出版社は次のような広告を新聞に掲載した。

問題の手記出づ
これこそ昭和のデカメロン！現代男性の淫慾なる横顔である。彼女は目下讀書界の人氣を一身に鍾め褒貶の嵐の中に立つ！或る男は妖婦と罵り又淑女として愛戀す。然し彼女はただ美しく頬笑む。「私、之でも處女だわよ。」[21]

広告の最後が「私、之でも處女だわよ」という言葉で終わっていることに注目したい。『女給日記』では主人公に性経験があるか否かが重要なテーマとなりストーリーが展開されていく。

『女給日記』の舞台は主に上野と新宿のカフェーである。木谷は半年ほど銀座で働いたこともあったが長続きしなかった。木谷は銀座が続かなかった理由について、「銀座にも半年ばかり進出してみたが、こゝには恐ろしい縄張りがあつて、一人の女王様の腰元にならないとやつて行けないので、ぢきに止してしまつて」[22]と述べている。「一人の女王様の腰元」という表現は、銀座の大規模カフェーでは女給たちが赤青紫などの組に分かれ、それぞれの組にリーダー格の女給がいたことを示していると思われる。カフェー業界のなかでも銀座は他の地区からふらりと流れてきたのでは通用しない仕組みが構築されていたようだ。

同書は深刻な内容を含みながら、それを傍観者のように笑う木谷自身がいる。序文には、次のような著者の言葉が記されている。

何もかも、自分の腹の中までも、かうして、洗ひざらい書き綴つたものを、かうして一冊の本にまとめて見ると、大聲を出して笑ひたいやうなことばかりだわ。先づ第一にお詫びしなけりやならぬのは、私をあんなに可愛がつて下さつた社會的にも相當の地位にある皆さんを、情け容赦もなく俎上にのぼせてあることなの。さういふ方には本當に悪いとは知りながら、矢張りわたし大きな聲で笑ひたくなるの。でも、ねえ、さふいう私の笑ひ聲は、すぐと悲しい思ひにふるへてくるの。(23)

この自嘲は、自分の悲しみを自身で笑うから許されるのであって、第三者がそれを笑うことはできない。木谷の経験は、たとえ娯楽小説のトーンで書かれていたとしても決して笑うことができない深刻な出来事が含まれる。それは、性暴力と思われる記述があるからである。

わたしは、思はず憎しみの大きな聲を立てた！　いゝえ、立てようとしたの。あの人の頑丈な掌が私の唇に蓋をしてしまつた。とたん、私は、頭が遠い霧の中に消えて行つて、ふらふらとして、何ものにか倒されたやうであつた。(24)

直接的な表現はされていないものの、木谷が客と上野公園を散歩中に何らかの性暴力被害を受けたことは明らかである。発禁改訂版ではこの部分が大きく削除されている。性経験のなかった木谷は自分の身に起きたことの意味がわからずに悩むが、結局誰にも相談することもできずにこの悩みを心の奥底にしまい込んでいく。明るく振る舞っていても、忘れた頃にこの出来事が頭をよぎる。客と他愛のない話をしていても「不愉快で呪はしいあの夜のことを、ふと思ひ浮かべさせられた」[25]り、女給とのおしゃべりでも「又もあの夜のことが思ひ出されて來て、チクリと私の心臓を刺してくる」[26]と感じてしまう。

しだいに絹子は女給という仕事に慣れ、客との駆け引きや心理戦が展開されるようになる。木谷は客の気を惹きつつも、肉体関係を持たずに客を振り回すような応対をするようになっていく。そのような時期でもやはり心の傷は消えていない。女給同士で処女か処女でないかという話題になったときには「……この頃やつと忘れかけてゐたあの夜のことが、まざまざと私の胸に疼きながら甦つて來た」[27]と述べている。新聞の宣伝文にあった「私、之でも處女だわよ」という言葉と、本文に綴られている絹子の痛みには大きな乖離がある。

また、本書には脇役として、絹子を慕う若い女給「眸《ひとみ》ちゃん」が登場する。眸ちゃんは絹子よりも四歳若いが女給歴は絹子より長い。無邪気で屈託のない性格だが性に対して奔放で、やがて一七歳にして妊娠してしまう。それを知ったカフェーの女主人「伯母さん」は、子どもの父親の可能性がある二人の男性とそれぞれに交渉し、おそらく両方と金銭面で決着をつけたようだ。やがて絹子はこのやり手の「伯母さん」にスポンサーを紹介され、肉体関係をもたずに開業資金だけを出させることに成功し、晴れてカフェー開業にこぎつけた、というところで物語は終わっている。その後、木谷にどのような人生が待ち受けていたのかはわからない。

木谷絹子の『女給日記』は、ひとりの若い女性の経験が「女給ブーム」のなかで商品化され消費されてしまった事例のひとつである。たとえ本人による記述であろうとも、軽快なトーンで描かれていたとしても、この日記は悲しい記録として読む必要があるだろう。

2 女給イメージの消費と再帰

男性による男性のための「女給」娯楽本

一九三一（昭和六）年以降は、女給を露骨に性の対象として扱うことで販売部数を伸ばそうとする書籍が現れはじめた。その頃の銀座はすっかりネオン街と化していた。しかし世間は昭和不況の時代である。出版社にも売れる商材に飛びつきたいという思いがあったのだろう。性の対象としての女給表象は男性向け娯楽メディアでは格好の題材だった。

銀座風俗史の基本文献とされている安藤更生『銀座細見』が出版されたのも、一九三一（昭和六）年二月であった。安藤の『銀座細見』はベストセラーとなったが、同書には出典がわからない引用が多数含まれているため[28]、社会史の史料としては扱いが難しい。本書では安藤本人が直接見聞きしたと思われる一九三〇年頃の銀座のカフェーに関する言説を参考にした。

一九三一（昭和六）年五月に刊行された高橋桂二『現代女市場』[29]は、遊廓からカフェーに至るまで、直接的あるいは間接的に女性の「性」が商品化されている職業を解説している。高橋は時事新報社の記者である。同書では全国の盛り場が取り上げられているが、銀座の章からスタートしている。内容は一貫して女性を口説く、あるいは「買う」ことを目的とした男性読者に向けられている。同書の巻末には「現代市場語辭解」[30]として言葉の解説が掲載されている。そこでは「ウエイトレス」という言葉の意味が「女給。現代の女給は多くはカフエやバーの女を意味する。人肉市場の尖端を奔る第一人者だ」[31]と説明されている。銀座にカフェーが登場してからたった二〇年の間に、単なる給仕係であったはずのウェイトレスは「人肉市場の尖端」と説明されるようになってしまった。

同じく一九三一（昭和六）年五月刊行の小松直人『エログロ カフエ女給の裏おもて』は、「エログロ叢書」というシリーズのなかで刊行された書籍である。同書の女給に関する言説からも、エロの対象化と蔑みの視線がわかる。例えば、女給については「女給諸君よ、怒ることなかれ。これこそは、おん身等の眞實の姿である――公娼や私娼の時代化されたものだ」[32]と述べている。そのいっぽうで小松は「およそ光輝ある現代に男と生れたからには、カフエで遊ばなければ、生き甲斐がないであらう」[33]と述べている。小松は女給を蔑視していることを自分でも認めているが、女給がいなくなれば良いとは考えていない。むしろ男性の遊び場としてのカフェーと女給の必要性を説いているのである。

また同じく一九三一（昭和六）年五月に、酒井潔『日本歡樂郷案内』が刊行された。同書は四月に発禁となり、五月に改訂版というかたちで刊行にたどり着いた。同書は全国の主要な盛り場について夜をメイン紹介している。銀座の女給について解説している文章から、その一部を引用する。

この銀座中心のカフエー、バーには二千人の女がウヨ〳〵してゐるといふから驚くではないか。タイガー、美人座、ライオンなどのやうに五十人以上の女給群を擁してゐる店も多いから、その實數に於ては或はもつと多いかも知れぬ。（中略）一度失はれた貞操は、次の誘惑に對しては何等の抵抗力も持たない。ランデ・ブウ、オーライ。ドライヴ、オーライ。郊外のホテル、オーライである。對手が毛虫のやうに嫌ひでさへなければ、共に歡を盡して時代の尖端を歩むことにのみ腐心する。[34]

女給を誘い出そうと目論んでいる男性読者たちに向けて発信されている情報であるが、これらの表現から女給たちが性の対象物とされていることがわかるだろう。

参考までに、永井荷風が『つゆのあとさき』を発表したのも一九三一（昭和六）年であった。[35]『つゆのあとさき』では銀座のカフェーで働く君江という女性と、夫と疎遠になってしまった鶴子という女性が登場する。君江には特定のモデルはいないとされているが、私娼のような生活から足をあらって女給をしている性に奔放な女性として描かれている。君江と鶴子が直接会うことはないが、君江に入れあげている男が鶴子の夫なのである。

これらの書籍が一九三一（昭和六）年という同じタイミングで刊行されたことから、出版社が競うように刺激的な企画を出していたことがわかる。これらの書籍は当時の女給へのまなざしを知るための貴重な史料である。しかしこれらの言説だけを抜き出してしまうと、女給たちの本来の姿が見えなくなってしまう。女給に関する史料は時代背景を考えながら批判的に読む必要があるということはくりかえし指摘してきたが、特に一九三一（昭和六）年以降の書籍には注意が必要である。

「女給物」映画の流行

出版界で女給を題材にした書籍がブームになっていた頃、同じように映画界では多くの女給物が公開されていた。映画年鑑や新聞雑誌などから作品が存在していたことは確認できるが、ほとんどフィルムが残っていないため内容を確認することができない。各種資料で確認できた女給やカフェーに関連するテーマを扱った日本映画は次の通りである。

一九二七年公開　「カフヱーの女王」（監督：大久保忠素）
一九二八年公開　「道頓堀行進曲」（主演：松井千枝子）
　　　　　　　　「淺草行進曲」（主演：松井千枝子）
一九二九年公開　「君恋し」
　　　　　　　　「東京行進曲」
　　　　　　　　「銀座王」
　　　　　　　　「赤い灯青い灯」
　　　　　　　　「大学は出たけれど」（監督：小津安二郎）
一九三〇年公開　「カフエーの女」（原作脚色：川口松太郎、監督：松本英一）
　　　　　　　　「カフェーの夫婦」（監督：佐々木恒次郎）
一九三一年公開　「女給」（原作：北村壽夫、監督：木藤茂）
　　　　　　　　「女給」（原作：廣津和郎、監督：曾根純三）
　　　　　　　　「女給哀史」（原作：柳井隆雄、監督：五所平之助）
一九三二年公開　「女給君代の巻」（原作：廣津和郎、監督：曾根純三）

確認できた作品のうち、カフエーという言葉をタイトルに用いた最も古い邦画は大久保忠素監督の「カフエーの女王」であった。同作品については、一九二七（昭和二）年七月四日『讀賣新聞』で内容が紹介されている。それによると「カフエーの女王」は女給薫をめぐる四人の男性の喜活劇で、薫は「人氣の焦點にありながらも不思議な程に眞面目な女」[36]として描かれている。

一九二八（昭和三）年には、松井千枝子主演で「道頓堀行進曲」「淺草行進曲」が公開されると主題歌が大ヒットし、全国のカフェーで歌われるようになった。

現在動画で確認できる女給表象のなかで、一番古いものは小津安次郎による一九二九（昭和四）年公開の「大学は出たけれど」ではないだろうか。大学を出たものの就職先が見つからない夫のために、妻がこっそり女給として働く様子が描かれている。映画のなかで表現されている女給の接客シーンは、客席に座ることなくビールを注いだり煙草に火をつけたりするというものである。このシーンを見る限り、客に媚びるような接客には見えないが、偶然このカフェーに客として入店した夫は、「誰があんなところで働けと云った！」と怒るのであった。女給という職業が後ろ暗いものであったことを現代に伝える貴重な映像史料である。

一九三〇（昭和五）年には、川口松太郎原作脚色の「カフエーの女」が公開された。地方の純朴な青年が、偶然出会ったカフェーの女給と恋に落ち、周囲の反対を押し切って一緒になるという物語である。[37]また、同じく一九三〇（昭和五）年秋には木藤茂監督の「女給」が公開されている。雑誌『キネマ旬報』の編集部は、同作にはアメリカ映画の模倣が多すぎると酷評しながらも、興業価値については「題名によつてひかれてやつてくる觀客は滿足して歸つてゆくだらう」[38]と評価している。

一九三一（昭和六）年新年早々には廣津和郎原作、曾根純三監督の「女給」が公開された。同作については、後に述べることにする。同時期に公開された「女給物」に五所平之助監督の「女給哀史」がある。『讀賣新聞』に掲載された「女給哀史」の広告には「問題の女給映画愈々公開」という言葉が飾られている。[39] また「女給哀史」の映画評論が一九三一（昭和六）月一月二四日の『讀賣新聞』に掲載されており、「この所日本映畫界は女給物ばやりである」[40]と記されている。同作の内容は、離婚をした主人公明子がカフェーで働くことになり、幼馴染みの男性に結婚を申し込まれるが、明子は幼馴染の将来を考えて他の人と結婚をすると嘘をついて身を引くという悲恋物語である。同作に対する『キネマ旬報』編集部の評価が辛辣で面白い。「いかに女給物が流行するからと云つて、殊更に明子を「女給」にし、「女給哀史」と題名をつけなければならぬ必要はなかつたやうに思ふのだが」[41]とある。映画界で女給物が売れると見込まれていたことを裏付ける証言である。

以上のように、これだけ多くの「女給物」が封切られていたことから、映画界では女給物は成功を約束された人気の題材になっていたことがわかる。映画という大衆娯楽のテーマとして女給が競うように扱われていたことこそが、大衆娯楽のコンテンツとしての女給ブームを証明していると言えるだろう。

映画『女給』に抜擢された女給たち

廣津和郎原作、曾根純三監督の映画「女給」は、制作の段階から既に宣伝が始まっていた。映画の製作は京都の撮影所で行われ、主役に抜擢されたのは大阪のカフェーで働く女給、水原玲子であった。

一九三〇（昭和五）年一一月三〇日には、早くも封切り前から淺草常盤座が『讀賣新聞』に映画「女給」の広告を掲載している。[42] 漫画仕立ての広告には「モデル問題で文壇は勿論、世間に大きなセンセーションを捲き起した例の廣津和郎氏の傑作で目下『婦人公論』に連載され、物凄い評判となつてゐる「女給」は愈々帝キネで映畫化[43]」との宣伝文が添えられている。

映画が封切られると目論見通り興行成績はすこぶる良かった。『キネマ旬報』には「五週間の續映。而も客足が落ちずに、観客のすすり泣きの聲が上演館に滿ちてゐる事實が、何よりも此の映畫の興行価値の絶大を裏書してゐる！[44]」とある。一九三一（昭和六）年一月二〇日『讀賣新聞』の映画評でも「宣傳は利いてゐるし、加ふるに女給を主人公とした作品といふ所から本職の女給仲間から注意を惹き得た等々でよき成績を挙げつゝある[45]」と書かれている。

残念ながら本作も内容を実際の映像で確認することができない。その代わりに『キネマ旬報』一九三一（昭和六）年二月号の作品紹介の一部を次に引用する。評者は和田山滋である。

女給と云へど一概に卑しめられてゐてはゐられない。女給も亦、眞面目な人間であり、女であり、そして時には優しい母である。映畫「女給」の脚色上島量がここに力點を置いてゐたのは正しい。原作者の意圖は、もつと高い所を狙つてゐることを知つてゐたとしても、映畫は映畫、観客に受けるためにはそんな高さを考へる必要はありはしない。

小夜子の苦しい生活が綿々として畫面の上で見せられる。ダレかかると、頑是ない乳呑み兒をあしらつて、萬引の場面で泣かせるのだ。十六錢の玩具、――買つてやりたい心と買つてやれない貧しさと。これで泣かなかつたら泣かない方が餘程どうかしてゐると云つて構はない。(中略)此の映畫の成功の大半は、上島量の脚色の根氣よさにある。自分自身恐らく「臭く」なるであらうと思い乍らも、そんなことには頓着せず平然として臭い脚色をしてゐる點、偉とするに足る。[46]

「女給」は、いかにもお涙頂戴の「臭い」映画だったようだが、和田山は大衆娯楽作品としてその潔さを評価している。廣津和郎の小説も通俗的な大衆小説として読まれていたはずだが、それをさらに大衆化する脚色だったようだ。

図6-2　舞台の稽古をする小夜子役の小夜子（『朝日新聞』1931年3月15日朝刊より）

映画「女給」がヒットすると、今度は舞台の企画が持ち上がった。舞台に駆り出されたのは、小夜子のモデルとなったクロネコの女給「小夜子」と、君代のモデル「香世子」である。『東京朝日新聞』一九三一（昭和五）年三月一五日朝刊には、稽古の様子が掲載されている（図6-2）。

映画における女給ブームは、続編「女給君代の巻」でも衰えることはなかった。小説の続編『女給君代』が一九三二（昭和七）年二月に刊行されると、同年六月には映画化された。続編映画で主演女優に抜擢されたのは「サロン春」の女給だった。続編の主役が決まったことを報じる『讀賣新聞』の記事「女給萬歳　サロン春のNo.1が拾はれて女優」[47]には次のように書かれている。

新興キネマが大いに儲けた映畫に「女給」がある。そして、それを主演した水原玲子は本職は女給だつた。ところがこん度、もういち度味をしめようと、その續篇「君代の巻」を作ることにした。主演者が女給であることが、新興の狙ひどころ。そこで、サロン春のNo.1かよ子ことで愈よ、白羽の箭が立てられ一躍銀幕へとび出すことになつたのが、サロン春のNo.1かよ子こと金藤玉子（二〇）で、テストも濟み万事O・Kとなつた。[48]

図6-3　2点とも映画『女給君代の巻』のワンシーン（『主婦之友』1934年2月号より）

抜擢された女給は、「北條たま子」という名で人気俳優の仲間入りを果たした。北條たま子主演の「女給君代の巻」には、前作「女給」でデビューした水原玲子も共演した（図6-3）。北條によると、「サロン春」にやってきた曾根監督は、「僕が東京に來たのは、「女給君代の巻」の、君代の役をやらせる女を探しに來たんだ。水原の例にならつて、今度も、女給から拾い上げようと思つて、探し廻つた末、たうとう君を發見したといふわけなんだ[49]」と述べたとある。主演にあえて素人の女性を起用すること、しかも女給の中から選ぶことが、映画の話題作りのための戦略であった。もちろん映画俳優といえば憧れの職業であり、簡単に誰もができる仕事ではなかった。母との二人暮らしであった北條は、母と離れて京都行きを決心した。映画の公開を伝える新聞記事には「女給女優が作つた」というコピーが掲げられ、[50]二匹目のドジョウも大当たりであった。「女給君代の巻」はヒット作となり、北條はその後も多くの作品に抜擢された。

しかし、北條は映画業界の裏側にも多くの誘惑があることを知ると、約一年半で東京に戻り、「グランド銀座」という店で再び女給として働く道を選んだ。その経緯については『主婦之友』一九三四（昭和九）年二月号の「女優から女給に帰つた北條たま子の懺悔話」に詳しく書かれている。女給に戻ることについて北條は「母と共に、食はんがために――たゞそれだけが目的です[51]」と述べている。

成功者という新たな銀座女給のイメージ

女給ブームが起こり、にわかに注目されるようになったのが銀座女給の収入である。一九三一（昭和六）年頃の『讀賣新聞』にはたびたび銀座女給の記事が掲載されている。おそらくカフェーに通っていた記者がいたのだろう。一月一九日の夕刊には「ギンザカフエー女給№1　一日のチップ百圓！」の見出しがある。銀座の有名カフェーの女給を紹介し、「之等の一流所は月收三百圓以上と聞いたら希望者も續出するだらうが、そこは一寸稼ぎや腰掛けでは到底№1にはなれツこなしの立派な尊い職業としてやつて戰ひ取つたものだ」と彼女たちを持ち上げている。また、三月一六日の夕刊では「六大カフヱの儲けぶり拝見　一晩に五萬圓　銀座のカフエに落す金」という記事が掲載されている。「一晩に五萬圓」とはかなりのインパクトである。ここで「六大カフヱ」とされているのは「タイガー」「サロン春」「ゴンドラ」「銀座会館」「美人座」「日輪」である。不景気の時代にこれだけ儲かるというイメージで記事が書かれれば、働きたいと思う女性も増えるだろう。実際、一九三一年一月末に「銀座会館」が女給募集の広告を掲載したところ、二五〇名を超える応募者があり、採用されたのはそのうち三五名であった[52]。採用となった女性のひとりは百貨店・松屋からの転職で、転職理由を「女給の方が収入もいゝのでお母さんに相談してコチラを受けましたの」と答えている[53]。

なぜチップだけでここまで高い収入が得られるようになっているかについては、安藤更生の「サロン春」に関する言説を参考にしたい。「サロン春」が若者たちの近寄れない文士のサロンとなっていたことは既に述べたが、それはチップがどんどん吊り上がる仕組みが理由であった。安藤は「昔カフエ通はその店への勘定よりも女給へのチツプの多きを恥とした。今やさうではない。三圓の勘定に對して十圓のチツプを拂はなければならないのである[54]」と述べている。安藤によると、「サロン春」のチップの相場や女給の応対は次のとおりである。

五圓以下の金を懐にして春に行つても、そこの面白さは味へない。ビールを二本倒して、チップを五十錢投げ出して來るなどは沙汰の限りである。大方あとへ鹽を撒かれるであらう。諸君、こゝは最早料理屋ではないのである。ビールや珈琲を賣る店ではないのである。こゝは遊び場なのだ。見給へ、こゝで料理を喰べて居る人間が何人あるか。なるほど女に勸められてテーブルの上に料理は澤山乘つて居る。然しそれを喰べて居るものは、客ではなくて、何と、女達である。

客はと見ると、酒を飲んで居る者すら尠いのだ。女給中心である。斷じて女給中心である。[55]

「サロン春」では女給たちが客と一緒に席に座り、料理を注文し、酒を飲んでいたことがわかる。この接客方針は前述した大阪のカフェーと同じである。女給たちがともに飲食することで客の注文数が増え店の売上があがる仕組みである。

また「サロン春」が登場した頃には、金銭的に余裕のある人は「番」と呼ばれるテーブル担当者とは別に、贔屓にしている女給にもチップを払う仕組みが浸透していた。[56]客は女給を通じて飲物や料理を注文するが、テーブル担当の女給だけでなく、自分が贔屓にしている女給にも注文をすることが一般化していたのである。この仕組みでは、客は一回の来店で複数の女給たちにチップを支払うことになり、実際の飲食代をチップが上回るということも起こった。人気の女給は番が回ってこなくても、客からチップをもらえることになり、人気女給の収入を吊り上げることにもなっていた。特に富裕層が集まる店ではこの仕組みが主流となり、学生や安月給のサラリーマンは近寄ることができなくなっていたのである。

新聞が取り上げる女給像は、林芙美子の『放浪記』に登場するような貧しい女性ではなく、廣津和郎の『女給』の小夜子であり、君代であり、永井荷風『つゆのあとさき』の君江のような、豪華な着物を身に着けている銀座の女給であった。同情すべき貧乏人から美しい成功者に女給のイメージが変化すると、新聞雑誌では「奥様対女給」という構図の企画が散見されるようになっていった。[57]

3　特殊飲食店の従業婦と定められた女給

法規制による取締り

警視庁の規制強化に関わらず、カフェーはますます氾濫し大衆化されていた。新聞、雑誌、書籍でも、競うように女給たちを取り上げた。銀座の夜の歓楽は、鎮まるどころか熱気をおびた。警視庁はこのブームを黙って見ているわけにいかなかった。もはや取締りというレベルでは抑えることができなくなったカフェーを、とうとう警視庁は法規制によって管理することにしたのである。

一九三三（昭和八）年一月二一日、警視庁令によって、「特殊飲食店営業取締規則」が定められ、二月一日より施行された。女性を客席につかせて接客させる飲食店を取り締まる目的であった。

同規則の施行に先立ち、一九三三（昭和八）年一月一九日『東京朝日新聞』夕刊では規則の概要が説明されている。記事のタイトルは「カフエー新規則　女給は『従業婦』　喫茶店でも飲酒　來月一日愈々發令」である。記事には「これまで表向き客席に侍つてサービスすることが出來なかつたおでん屋、小料理店の女や酒と名のつくものを賣れなかつた喫茶店も今後は大威張りでサービスも出來、酒も置けるやうになつた」という解説がある。女性による接待を伴う場合、新規則で許可を受ければ合法になるという受けとめ方である。

「特殊飲食店」の定義は第一条に定められた。第一条の条文は次の通りである。

第一条　本令ニ於テ特殊飲食店ト称スルハ其ノ名称ノ如何ヲ問ハス洋風ノ設備ヲ有シ婦女カ客席ニ侍シテ接待ヲ為ス料理屋又ハ飲食店ヲ謂フ洋風ノ設備ヲ有セサルモノト雖其ノ業態ニ依リ特殊ノ取締ヲ必要ト認ムルトキハ本令ノ規定ヲ適用スルコトアルヘシ
本令ニ於テ従業婦ト称スルハ営業ニ従事スル婦女ヲ謂フ(58)

この規則により、「接待を伴う飲食店」が法令によって定められ、一般飲食店とは異なる「特殊飲食店」というカテゴリーが公式な枠組みをもって規定されたのである。「特殊飲食店営業取締規則」の重要な点は、「店」に関する規則であるのと同時に、「従業婦」すなわち女給に関する規則でもあるという点である。

同規則のうち、店の営業に関する項目、第八条から第十二条は次の通りである。「従業婦」という言葉には傍線をつけた。

第八条　営業者ハ左ノ各号ノ事項ヲ遵守スヘシ
一　営業時間ハ午後十二時ヲ超エサルコト但シ土地ノ状況ニ依リ又ハ特別ノ事由アル場合ニシテ所轄警察署長ノ許可ヲ受ケタルトキハ此ノ限ニ在ラス
二　営業所ニ於テ社交舞踏ヲ為シ又ハ為サシメサルコト
三　営業所ニ於テ演劇、活動写真、観物、演芸ノ類ヲ為シ又ハ為サシメサルコト
四　甚シク付近ニ迷惑ヲ及ホスヘキ高声ノ楽器ヲ使用シ又ハ喧噪ニ渉ル行為ヲ為シ又ハ為サシメ

サルコト

五　営業所ノ出入口ノ扉ハ開放セサルコト但シ内部ヲ見透シ得サル衝立其ノ他設備アル場合ハ此ノ限ニ在ラス

六　飲食物ノ料金其ノ他客ヨリ徴収スヘキ一切ノ科目料額ヲ卓上又ハ客ノ看易キ箇所ニ表示シ置クコト

七　客ノ誘引ヲ為シ又ハ為サシメサルコト

八　従業婦ヲシテ店頭又ハ街路ニ佇立若ハ徘徊セシメサルコト

九　従業婦ヲシテ客ト同伴外出セシメサルコト

十　従業婦ノ素行ニ関シ充分ナル監督ヲ怠ラサルコト

十一　従業婦ヲシテ歌舞音曲ヲ為サシメサルコト

十二　食券招待券等ノ押売ヲ為シ又ハ客ノ求メナキ飲食物ヲ提供シ若ハ第六号ニ依リ表示シタル以外ノ金品ノ請求ヲ為シ又ハ為サシメサルコト

十三　営業所ニ客ヲ宿泊セシメサルコト

十四　従業婦ヨリ出銭其ノ他名義ノ如何ヲ問ハス金品ヲ徴収セサルコト但シ女給税ハ之ヲ除ク

十五　従業婦ノ負担ニ於テ特殊ノ容装ヲ強制セサルコト

十六　従業婦ヲシテ異様ノ服装ヲ為サシメサルコト

十七　卑猥ナル行為ヲ為シ又ハ為サシメサルコト

十八　伝染性疾患アル者ヲシテ飲食物ノ調理ヲ為サシメ又ハ客ニ接セシメサルコト

十九　客室厠圊及調理場ハ常ニ清潔ヲ保持スルコト

二十　其ノ他公安ヲ害シ風俗ヲ紊ス行為ヲ為シ又ハ為サシメサルコト

第九条　従業婦ノ定員ハ客室ノ有効面積四平方米ニ付一人トス

前項ノ定員以上ニ従業婦ヲ使用スルコトヲ得ス

第十条　営業者従業婦其ノ他ノ雇人ヲ雇入レタルトキハ其ノ本籍、住所、氏名（通称アルモノハ之ヲ併記スルコト）、生年月日、従前ノ職業ヲ詳記シ三日以内ニ所轄警察署長ニ届出ツヘシ其ノ事項ニ異動ヲ生シタルトキ亦同シ

前項ノ雇人ニシテ死亡シ所在不明ト為リ又ハ之ヲ解雇シタルトキハ三日以内ニ所轄警察署長ニ届出ツヘシ

第十一条　営業者ハ左ノ各号ノ一ニ該当スル者ヲ従業婦トシテ雇入ルルコトヲ得ス但シ第一号又ハ第二号ノ事項ニ付キテハ特別ノ事由アリテ所轄警察署長ノ承認ヲ受ケタルトキハ此ノ限ニ在ラス

一　法定代理人ノ同意ナキ未成年者

二　夫ノ承諾ナキ妻

三　身元詳ナラサル者

四　健康ナラサル者
五　第十七条ノ規定ニ依リ解雇サレ六箇月ヲ経過セサル者
六　素行不良ナル者

第十二条　従業婦ハ就業中左ノ事項ヲ遵守スヘシ
一　社交舞踏ヲ為ササルコト
二　客ノ誘引ヲ為ササルコト
三　店頭又ハ街路ニ佇立若ハ徘徊セサルコト
四　客ト同伴外出ヲ為ササルコト
五　歌舞音曲ヲ為ササルコト
六　食券招待券等ノ押売ヲ為シ又ハ客ノ求メナキ飲食物ヲ提供シ若ハ第八条第六号ノ規定ニ依リ表示シタル以外ノ金品ノ請求ヲ為ササルコト
七　営業所ニ客ヲ宿泊セシメサルコト
八　異様ノ服装ヲ為ササルコト
九　卑猥ナル行為ヲ為ササルコト
十　其ノ他公安ヲ害シ風俗ヲ紊ス虞アル行為ヲ為ササルコト(59)

「特殊飲食店営業取締規則」が制定されたことにより「女給」という職業も法律によって定義され

ることになった。明治期に洋食の給仕として登場した近代的な職業であったはずの「女給」がたどり着いた先であった。この規則の施行に伴い、それまでの飲食店が「普通飲食店」と「特殊飲食店」に分けられた。しかし飲食の業態区分というのは、分けても、分けても、その中間に新業態が登場するのが常である。喫茶店が酒類提供も許されるようになると、喫茶店でありながら女性が売りという「新興喫茶」が登場することになった。

学生の入店禁止

「特殊飲食店営業取締規則」は、施行された翌年の一九三四（昭和九）年一〇月に一部が改正された。改正の内容は、「特殊飲食店」に学生および未成年を入店させることが禁止された点である。

一九三四（昭和九）年八月二三日、警視庁は改正に先立ち、都下の専門学校以上の学校長、文部省、東京府に対して、学生のカフェー利用を禁止するようにという指導方針を出した。通達文は次の通りである。

近時都下風紀取締ノ実情ニ徴スレバ、学生生徒ニシテ特殊飲食店（カフエー、バー、喫茶店ノ類ニシテ女給ガ客席ニ侍シテ接待ヲ為スモノ）或ハ舞踏場等へ出入スルモノ極メテ多ク其ノ結果動モスレバ、学生生徒ノ本分ヲ閑却シテ不良徒輩ト交遊ヲ結ブニ至リ、或ハ放縦淫逸ニ流レ頽廃無節操ノ弊風ニ感染シ為ニ往々ニシテ顰蹙スベキ幾多ノ事例ヲ惹起セルハ国家風教上寔ニ深憂ニ堪ヘサル所ニ御座候如斯黙過シ難キ現況ニ就イテ当庁ニ於テ斯種営業者ニ対シ未成年諸学生生徒ノ出入ヲ禁止命令致度所存ニ有之候ヘ共本件ニ関シテハ第一義的ニハ学校当局ニ於テ指導監督相成ル可キ事ト被認候ニ付之ガ取締ノ徹底ヲ期セラレ指導粛正ノ実ヲ挙ゲラルルニ於テハ敢ヘテ当庁ニ於テ積極的取締ヲ為スノ必要無之様思料セラレ候ヘ共不取敢貴意ヲ得度此段及照会候[60]

この通達が公表されると世論は学生の入店禁止という方針を後押しした。その結果「特殊飲食店営業取締規則」に「営業所ニ学生生徒又ハ未成年者ヲ出入セシメザルコト」という項目が加えられ、一九三四（昭和九）年一〇月一〇日より実施された。この規則は学生を処罰の対象とするのではなく、入店させた店側に罰則があるというのが特徴であった。

カフェーやバーなどの特殊飲食店は、早速店頭に学生の入店を禁止する張り紙などを掲示した。それに違反して学生が入店した場合は、学生の氏名を学校に通達しなければならなかった。もし店側が学生の入店を黙認した場合は営業停止処分となった。これらの厳しい取り締まりによって、女給が接客をする形態の飲食店からは学生の姿が消えることになったのである。学生たちの憩いの場は、女給のいるカフェーから「普通飲食店」へと変わっていった。

「特殊飲食店営業取締規則」が改正された一九三四（昭和九）年の年末の様子が、『アサヒグラフ』一九三五（昭和一〇）年一月九日号に見開きで特集された。記事のタイトルは「彼等の転向　カフエにロツクアウトを食つた學生群の行方」である。[61]同記事ではこの改正の意図を次のように伝えている。

警視廳では、酒に關聯して身を誤るもの、頽廢的雰圍氣のため學生に邪心を持せる、また延いては學生自身ばかりでなく國家大局に及ぼす影響が大きいので、これは學校當局と協力して大きな暖かい手で學生を良き方に導いてやらうと云ふ親心に外ならないと云ふのである[62]。

学生がカフェーなどにうつつを抜かすことがないように風紀の乱れを取り締まることの最終的な目的は、「若い男性」という国家にとって重要な人的資源を守ることであった。同記事には、喫茶店や小料理屋に集う学生服の青年たちの姿が掲載されている（図6－4・図6－5）。彼らはこの一〇年後、

図6－4　純喫茶に集う学生たち（『アサヒグラフ』1935年1月9日号より）

図6－5　小料理屋に集う学生たち（『アサヒグラフ』1935年1月9日号より）

どこで何をしていたのだろうか。

当局が学生たちの「特殊飲食店」への出入りを厳しく禁じようとしてきた背景には、国家を支えるべき若者の「堕落」を阻止する狙いがあった。当局が懸念していたことは、当時「花柳病」と呼ばれた性病の蔓延であった。性病にり患した者は、兵役を免除することになっていたのである。

時代が前後するが、第四章で示した内務省衛生局による「人口三萬以上ノ都市ニ於ケル接客業態者府縣別比較」に話を戻したい。この調査結果が掲載されていたのは、日本統計普及會編『時事統計圖集 第二巻 第六輯 我國社會問題（下）』である。編者となっている「日本統計普及會」に顧問として名を連ねている人々の肩書をみると、この会が外郭団体という性質をもった組織であることがわかる[63]。同書の巻頭言には、「花柳病予防」に関する次のような言葉が記されている。なお引用文中の傍線は筆者による。

> 從來壯丁などのこの種の疾患は、笑うて迎へられ且つ當の人間も、些しも意に介せず笑ふて過した氣味があつた。況してこの惡風に徴兵忌避の事實が、加はつて濃稠となつたなら、それこそ眞に國の重大問題である。いかなる社會政策といへども、この根本が整備せられずしては、啻に混惑を増すばかりでなく、社會構成の姿の上に、衰老の影が映つて來るであらう[64]。

関東大震災以降の女給たちへの厳しい取り締まりの背景には、富国強兵という国家の思惑があった。中高年の富裕層が出入りする限りにおいては取締まる必要もなかったものが、若い男性の身体については、国家の問題として対処しなければならなかったのである。

銃後の女給たち

一九三七（昭和一二）年に日中戦争が開戦されると日本は戦時体制へと突入した。銀座の女給たちも銃後の守りという形で戦争に参加することになっていった。一九三七（昭和一二）年二月二六日には、銀座五丁目のカフェージャポンで東京市内の女給代表たちが陸軍少佐や海軍大佐との会合を持ち、一九三七（昭和一二）年三月一〇日の陸軍記念日に「大日本國防婦人會東京特聯支部」を結成することが決定した。この会合で銀座の女給のひとりが「私共は及ばずながら國家の非常時に際しまして銃後のお勤めを致したう存じます」と述べたことが翌日付の『東京朝日新聞』で報告されている[65]。

戦局が激しさを増すにつれ、酒類を提供する店の営業は厳しくなっていった。一九四〇（昭和一五）年になると、贅沢品を禁止した「七・七禁令」に続き、遊興や高級飲食を禁止した「九・一禁令」が発令された。その流れを受けて警視庁は「特殊飲食店営業取締規則」を改正し、女給の数を減らす方針を発表した。一九四一（昭和一六）年の一月末までに、床面積四㎡あたり一人までだった女給の人数を、六㎡あたり一人までに減らすことが命ぜられたのである[66]。店名を日本語に改めるようにという指導もあった[67]。

銀座ではこの改正を待たずして、多くの女給たちが職を変え、夜の街から姿を消していった。一九四一（昭和一六）年一月一五日『朝日新聞』は、二月一日の改正を目前に控えた銀座の様子を次のように伝えている。

銀座など轉廢業の女給が何とこの半年で九百四十二名、昨夏八月現在で二千四百四十五名だつた女給の數がこの一月は千五百六十三名に激減、新方針の許可限度千七百六十六名に對し二百五十四名も不足してネオン街の經營王は暗い顔——時局の投影はここにも色濃い[68]

続いて「警視廳保安課風紀係」と「銀座（築地署管内）特殊飲食業組合」の談話が続く。

警視廳保安課風紀係談：切實な轉失業問題が起つたら何時でも相談に應ずる積りで待機してゐたがこんな申出では一人もなかつた、どうしても女給を續けたいものは小さな店へ移つた様だし、大体時局柄女給志願者が激減して業者は寧ろ手不足をかこつてゐる位だから一日から實施しても深刻な轉失業問題など起るまいと思ふ。

銀座（築地署管内）特殊飲食業組合談：女給の制限に相應して昨年八月二百五十四軒あつた組合員がこの半歳で廢業十四軒、並に飲食店への轉向が七軒、日本料理への轉向十三軒、計卅四軒減つて現在は二百二十軒になつてゐます、女給も昨年に比べて四割減、轉向先きの六割は事務員、タイピスト、店員、洋裁等ですが、幸福な結婚生活へ入つた人は一割位ありました、何しろ書間はタイプや洋裁の學校へ通ひ明日の轉向に備へながら夜はお店に出るといふ女給もある位ですから變りましたヨ[69]

固定給もなくチップだけを頼りに生活していた女給たちにとって、銀座のカフェーに留まる理由は何もなかった。それぞれが親類縁者を頼って銀座を去っていったのである。

一九四三（昭和一八）年には、警視庁は飲食店に自発的転廃業という名目で休業を迫った。第一次整備では普通飲食店が対象となり、第二次整備では特殊飲食店、待合、芸妓屋、貸座敷などが対象となった。女給などの従業婦はできるかぎり軍用工場の工員へ転向させ、工場の寄宿舎に住まわせた。[70]一九四四（昭和一九）年になると戦局はさらに厳しくなり、二月二五日の「決戦非常処置要綱」のもと、一部を除いてほとんどの特殊飲食店、高級料理店、待合、芸妓屋は休業を余儀なくされた。

---

(1) 現在入手できる女給関連史料の多くがこの時期に刊行されていることで、学術研究の分野でも一九三〇（昭和五）年頃の女給に関する言説が引用されることが多い。
(2) 林芙美子「秋が來たんだ――放浪記」『女人藝術』一九二八（昭和三）年一〇月号、一七頁。
(3) 前掲、林芙美子「秋が來たんだ――放浪記」、一七頁。
(4) 『讀賣新聞』一九三〇年五月七日、広告。
(5) 田中雪子『カフエー行進曲』日吉堂本店、一九三〇（昭和五）年、一頁。
(6) 前掲、田中雪子『カフエー行進曲』、二八―二九頁。
(7) 前掲、田中雪子『カフエー行進曲』、三〇頁。
(8) 前掲、田中雪子『カフエー行進曲』、三三頁。
(9) 前掲、田中雪子『カフエー行進曲』、二六一頁。

(10) 前掲、田中雪子『カフエー行進曲』、二八〇頁。

(11) 前掲、田中雪子『カフエー行進曲』、二八一頁。

(12) 中央公論社『中央公論社の八十年』中央公論社、一九六五年、二五〇頁。

(13) 前掲、『中央公論社の八十年』、二四九頁。

(14) 『讀賣新聞』一九三〇（昭和五）年七月一四日夕刊、一頁。

(15) 『讀賣新聞』一九三〇（昭和五）年七月一四日夕刊、一頁。

(16) この女性の本名について、菊池寛は前掲記事で「山口須磨子」であると述べているが、彼女の本名は「枚田キクヱ」であることが一九八二年に刊行されたルポルタージュで明らかになっている。（沖藤典子「自らを熱き太陽に――実録・女給小夜子」北海道ノンフィクション集団『凍野の残映 北海道人物誌』みやま書房、一九八二年、七三―一四七頁）。戦後にバーを経営した時には漢字表記を変えて「杉田菊枝」と名乗っていた（朝日新聞社社会部編『日本人の暮らし』修道社、一九五六年、一四六頁）。

(17) 三上於菟吉「菊池君の歴史小説及び『女給』に就いて」『文藝春秋』一九三一（昭和六）年五月号、二九頁。

(18) 前掲、三上於菟吉「菊池君の歴史小説及び『女給』に就いて」、二九頁。

(19) 『女給日記』は改訂前の版がごく稀に古書として販売されることがある。わずかな期間、実際に販売された後に、発禁となり改訂版が刊行されたようである。

(20) 木谷絹子『女給日記』金星堂、一九三〇（昭和五）年、三頁。

(21) 『讀賣新聞』一九三〇（昭和五）年一二月三日朝刊、一頁、広告。

(22) 前掲、木谷絹子『女給日記』、二〇五頁。

(23) 前掲、木谷絹子『女給日記』、二一―三頁。

(24) 前掲、木谷絹子『女給日記』、三七頁。

(25) 前掲、木谷絹子『女給日記』、六九頁。
(26) 前掲、木谷絹子『女給日記』、七四頁。
(27) 前掲、木谷絹子『女給日記』、二一六頁。
(28) 安藤は銀座に関する記事をスクラップしていた赤い手帳をタクシーのなかに忘れてしまったと述べている。
(29) 同書は戦後に二回、タイトルを変えて復刻版が出ている。一九八二年刊行の『物語・女市場』(展望社)、二〇一一年刊行の『昭和モダンおんな市場風俗誌』(展望社)である。当時の通俗的な娯楽書が装いを変えて社会史の史料と扱われるようになった事例のひとつである。
(30) 高橋桂二『現代女市場』赤炉閣書房、一九三一(昭和六)年、四五九―四九四頁。なお、展望社による復刻版には「現代市場語辭解」は掲載されていない。
(31) 前掲、高橋桂二『現代女市場』、四七五頁。
(32) 小松直人『エログロ カフエ女給の裏おもて』二松堂、一九三一(昭和六)年、一三五頁。
(33) 前掲、小松直人『エログロ カフエ女給の裏おもて』、巻頭頁。
(34) 酒井潔『日本歡樂鄕案内』竹酔書房、一九三一(昭和六)年、一七―一八頁。筆者所蔵の六月二〇日発行一〇版より引用。
(35) 永井荷風「つゆのあとさき」『中央公論』一九三一(昭和六)年一〇月号、八九―一八二頁。
(36) [映画物語] 松竹キネマ蒲田撮影所作品「カフェーの女王」」『讀賣新聞』一九二七(昭和二)年七月四日夕刊、八頁
(37) 『キネマ旬報』一九三〇(昭和五)年一〇月号、八七頁。
(38) 『キネマ旬報』一九三〇(昭和五)年一一月号、七八頁。
(39) [広告] 映画「女給哀史」他(浅草帝國館・麻布南座)『讀賣新聞』一九三一(昭和六)年一月二三日朝刊、

七頁。

(40)「今週の映畫評　女給哀史　蒲田　五所監督作品」『讀賣新聞』一九三一（昭和六）年一月二四日朝刊、一〇頁。

(41)『キネマ旬報』一九三一年二月号、一〇三頁。

(42)「[広告] 映画「女給」（浅草常盤座）」『讀賣新聞』一九三〇（昭和五）年一一月三〇日、日曜別刷、九頁。

(43)前掲、「[広告] 映画「女給」（浅草常盤座）」の記事に同じ。

(44)『キネマ旬報』一九三一（昭和六）年二月号、一三三頁。

(45)「[新映畫評]「女給」帝キネ・現代劇」『讀賣新聞』一九三一（昭和六）年一月二〇日朝刊、一〇頁。

(46)『キネマ旬報』一九三一年二月号、一三三頁。

(47)「女給萬歳　サロン春のNo.1が拾はれて女優」『讀賣新聞』一九三二（昭和七）年三月一四日夕刊、七頁。

(48)前掲、「女給萬歳　サロン春のNo.1が拾はれて女優」の記事に同じ。

(49)『主婦之友』一九三四（昭和九）年二月号、一九四頁。

(50)『讀賣新聞』一九三二（昭和七）年六月一九日夕刊、三頁。

(51)『主婦之友』一九三四（昭和九）年二月号、二〇五頁。

(52)読売新聞社会部編『彼と彼女は斯うして就職した』文明社、一九三一（昭和六）年、四三頁。

(53)前掲、読売新聞社会部編『彼と彼女は斯うして就職した』、四七頁。

(54)前掲、安藤更生『銀座細見』、一二〇頁。

(55)前掲、安藤更生『銀座細見』、一一九―一二〇頁。

(56)前掲、安藤更生『銀座細見』、一二〇頁。

(57)例えば、『讀賣新聞』では一九三三（昭和八）年八月三一日から九月一四日までの間、一三回にわたって

「女給の人生哲学・お客を通して家庭をのぞく」という記事を連載している。カフェーの女給が「奥様」に対して家庭内での夫との関係についてアドバイスをする企画である。アドバイスをするのは毎回別の女給である。女性雑誌では『婦人公論』一九二九(昭和四)年一〇月号、『主婦之友』一九三五(昭和一〇)年一二月号で家庭の妻たちがカフェーを視察する記事を掲載している。

(58) 前掲、警視庁史編纂委員会編『警視庁史 昭和前編』、八一三頁。

(59) 前掲、警視庁史編纂委員会編『警視庁史 昭和前編』、八一四―八一六頁。

(60) 前掲、警視庁史編纂委員会編『警視庁史 昭和前編』、八二七―八二八頁。

(61) 『アサヒグラフ』朝日新聞社、一九三五(昭和一〇)年一月九日号、二二一―二二三頁。

(62) 『アサヒグラフ』朝日新聞社、一九三五(昭和一〇)年一月九日号、二二一頁。

(63) 顧問の肩書と名称は、男爵・阪谷芳郎/元東京市長・西久保弘道/大阪毎日新聞社長・本山彦一/京城帝國大學總長・松浦鎮次郎/代議士・頼母木桂吉/代議士・粕谷義三/代議士・池田敬八/代議士・勝正憲/代議士・松本忠雄/侯爵・木戸幸一/統計學社々長・横山雅男/商學博士・藤本幸太郎/内閣統計局國際課長・森數樹/電氣局勞働課長・道家齊一郎/理學博士・龜田豊治朗/東京市統計課長・竹内秀次郎/実業家・籾山半三郎、である。

(64) 前掲、日本統計普及會編『時事統計圖集 第二巻 第六輯 我國社會問題(下)』、巻頭言より。

(65) 「帝都六千の女給さん起つ〝國防婦人會特聯支部〟の結成へ」『東京朝日新聞』一九三七(昭和一二)年二月二七日東京朝刊、一〇頁。

(66) 「消ゆる女給一萬五千人」『朝日新聞』一九四〇(昭和一五)年九月五日東京朝刊、七頁。

(67) 「銀座から外語一掃」『讀賣新聞』一九四一(昭和一六)年一月一四日朝刊、三頁。

(68) 「新しき光求めて ネオン街人口半減」『朝日新聞』一九四一(昭和一六)年一月一五日東京朝刊、七頁。

(69) 前掲「新しき光求めて　ネオン街人口半減」の記事に同じ。

(70) 前掲、警視庁史編纂委員会編『警視庁史　昭和前編』、八二二頁。

第七章　戦後の銀座と女性たち

1　敗戦と銀座

終戦直後、廃墟の銀座

一九四五（昭和二〇）年八月一五日、戦争の終結が伝えられた。銀座は一九四五年に二度の大きな空襲を受け荒廃していた。

日本は連合国軍（GHQ）の管理下で国の再建を目指すことになった。日本政府は敗戦が決まるとすぐに進駐軍向けの慰安施設の準備にとりかかった。平井和子の研究によると、八月一七日あるいは一八日には警視総監坂信弥が国務大臣・近衛文麿から慰安施設を準備するようにと命を受けている。[1]八月二六日には進駐軍向けの慰安施設を運営するための組織、特殊慰安施設協会（Recreation and Amusement Association：RAA）が設立された。[2]RAAの本部が置かれたのは銀座七丁目であった。そして九月二日、ミズーリ号上で降伏文書への調印が行われ、進駐軍を迎えることになったのである。

GHQ総司令部は日比谷壕沿いの第一生命館に設置された。倒壊を免れた主な建物は接収され、帝国ホテルと第一ホテルは進駐軍の施設となり、服部時計店（和光）や松屋は進駐軍専用の売店「P

X」となった。一九四五（昭和二〇）年九月一二日には銀座七丁目の「銀座ビヤホール」が進駐軍専用のビヤホールとして営業を再開した[3]。焼けずに残った銀座八丁目のバー「ボルドー」は進駐軍将校専用のバーとなった。

進駐軍たちの生活とは対照的に、東京の暮らしには食べるものも着るものもなかった。数寄屋橋付近や新橋駅付近には露店が立ち並び、生活物資を求めて人々が集まった（図7-1）。飲食店は営業しようにも材料が手に入らなかった。それでも一〇月頃にはバラックで無糖紅茶を売る喫茶店などが少しずつ登場しはじめていた[4]。

図7-1　終戦直後の数寄屋橋。（『東京・一九四五年秋』文化社，1946年より）

銀座七丁目のRAAの本部には、仕事を求めて若い女性たちが集まった。進駐軍向けの歓楽・慰安施設で働くダンサーや接待婦に応募するためである。RAAは進駐軍が上陸する以前から全国の新聞にダンサーや接待婦の募集広告を掲載していた。ダンサーは社交ダンスのパートナーを務めることが仕事で、接待婦は主に性行為の相手であった。一九四五（昭和二〇）年一〇月一一日の『朝日新聞』によると、特にダンサーの応募が殺到していたようだ。ダンサー応募者の約八割がダンス未経験で、その多くが田舎に疎開していた事務員の女性たちだという。接待婦に応募する女性も失業した女工や事務員などが主で、前職で娼妓などいわゆる「遊女」だったものは少ないという。

一九四五（昭和二〇）年一一月になると、銀座にRAAの施設「オアシス・オブ・ギンザ」（図7-

2）がオープンした。場所は銀座六丁目の松坂屋（現ギンザシックス）の地下である。松坂屋は空襲で地上階がなくなり地下だけが残っていたが、その地下二階がＲＡＡの経営する慰安施設になったのである。

一般女性を守るためという目的で日本政府の方針に沿って設置されたＲＡＡは、ＧＨＱの命令によって一九四六（昭和二一）年三月に閉鎖された。ＲＡＡによる慰安施設が閉鎖されたことで、施設で働いていた女性たちのなかには、職を失い街頭に立つものがあらわれた。新橋、有楽町、銀座界隈は街娼たちが集まる拠点となった。

図７－２　「オアシス・オブ・ギンザ」の入口。（『東京・1945年秋』文化社，1946年より）

キャバレー時代の到来

一九四六（昭和二一）年四月に設立された東京キャバレー連盟の初代会長にはＲＡＡ理事長だった宮澤浜治郎が就任した(5)。ＲＡＡが経営していた「オアシス・オブ・ギンザ」は日本の会社が経営を引き継ぎ、キャバレーとして営業された。終戦直後から、銀座の街には大規模なキャバレーやダンスホールの開業が続いた。広い店舗、ダンスの相手をする女性、音楽を演奏するバンドマンを用意することは、食材を確保するよりも容易だった。一九四六（昭和二一）年一一月八日、東京上野にて全国からキャバレー協会の代表が集まる「全国大協議会」が開催された。

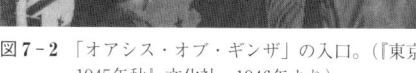

一九四七（昭和二二）年一月一日発行『日本社交タイムズ』に掲載されている出席者五四名の名前を確認すると代表者は全員男性である。キャバレーにはステージや踊り場などの広いスペースが必要となる。大型店舗でなければ成立しない業態であるため、開業には大きな資金力が必要であった。同誌に掲載されている「全国キャバレー、ダンスホール業者名簿」のうち、銀座の施設は九施設である。各施設のダンサー数、バンドマン数は次の通りである。

オアシス・オブ・ギンザ　（ダンサー二〇四、バンドマン二六）
メリーゴールド　（ダンサー三〇九、バンドマン四一）
マンハッタン　（ダンサー三四、バンドマン六）
エーワン　（ダンサー五〇、バンドマン一六）
シルクローズ　（ダンサー二三、バンドマン一三）
キャバレーエデン　（ダンサー五三、バンドマン一四）
メイフラワー　（ダンサー七〇、バンドマン一三）
キャバレー美松　（ダンサー二四五、バンドマン二三）
キャバレー上海　（ダンサー六〇、バンドマン二四）

これらのキャバレーやダンスホールは、「進駐軍専用」とする店や「昼は日本人専用、夜は進駐軍専用」と分ける店など、様々な戦略で営業された。戦前は男女が手をとりあって踊るダンスホールはカフェーやバー以上に厳しく規制されていたが、終戦後の歓楽はキャバレー、ダンスホールが先陣を切った。榎本正は、一九四六（昭和二一）年一二月五日発行の『日本社交タイムズ』で次のように述べている。

警察の民主化された今日今思ひ出す過去の特飲界（中略）あんな苦しい取締はなかつた。ボックスが三寸高いの一寸高いの折角造つたものでも駄目になるし店の調和も取れなくなる。音楽も制限され時間的にも窮屈に私は全く特飲界に見切りをつけた。あんな取締がなかつたら理想の殿堂も富も造れたが、そこで食堂の將來性とキャバレー界の洋々さに□□して永い考想を今銀座の一角に出現さした。警察の民主化は全く我々に無限の活躍の機會を與いてくれた。(6)

榎本は終戦直後から三越裏の「キャバレー美松」を中心に銀座でいくつもの店を経営した。「キャバレー美松」のダンサー数は二四五名と、銀座で一、二を争う大規模店であった。

思い返してみれば、もともと一九三〇年頃に道頓堀や銀座で流行った大規模カフェーは、アメリカ文化の模倣であった。占領下の銀座ではアメリカ的な歓楽の受容が先に起こったのだった。進駐軍の人々が求める本格的な社交ダンスやバンド演奏を提供しようと、キャバレー業界は沸き立った。日本の若い男女も恋人と体を寄せ合えることを喜んだ。未婚の男女が公然と抱き合う姿は戦前の日本では考えられない風景であった。一九四八（昭和二三）年のクリスマスは特別にオールナイトの営業が認められ、ダンスフロアーには大勢の客が集まった（図7-3）。以降数年間、クリスマスの夜の銀座は、歩道をまっすぐに歩けないほどの人出でにぎわった。

図7－3　1948年クリスマスのダンスホール（福富太郎『昭和キャバレー秘史』より）

配給制度のもとで生まれた社交喫茶

キャバレーの盛況ぶりをよそに、飲食店の経営者たちは材料の確保が難しく、開店休業の状態が続いていた。特に酒類の入手は困難で、清涼飲料水などでその場をしのぎながら少しずつ営業再開にむけて努力を続けていた。どうしても酒を飲みたい人のなかには、粗悪な密造酒やメチルアルコールで命を落とす者もあった。

深刻な食糧不足が続き、一九四七（昭和二二）年七月五日には「飲食緊急措置令」（七・五政令）が発令され、外食券食堂、旅館、喫茶店以外の飲食店は、配給品以外による営業が禁止された。飲食店のなかには旅館や喫茶に転業する店もあった。キャバレーも喫茶付きダンスホールとして清涼飲料水を提供した。このような背景で登場したのが苦肉の策の「社交喫茶」である。一九四八（昭和二三）年六月一五日発行『日本社交タイムズ』では「社交喫茶」について「いわゆる七、五政令なるものによつてカフエー・バー等を改稱し全國何萬と云う多數の女給陣及業者の失業救済策としてアルコール抜きの新興喫茶で再スタートしたもの」と説明されている。

飲食店営業が厳しく制限されるなかでも、ヤミで手に入れた酒でひっそりと営業をする店がポツポツあった。社交喫茶といいながら土瓶や急須のなかに酒を入れて客に提供するような時代であった。店に集まる客の喜びは、酒やつまみではなく、懐かしい人々との再会であった。十返肇は終戦直後の銀座の様子を次のように述べている。

> 当時は、いうまでもなく料飲店はきびしく禁止されていて、酒を飲むのは不自由であったが、そのうち松坂屋裏の焼ビルの地下室に小さい酒場ができていて、そこにジャーナリストや文士たちが、ときどき集っているらしいという噂をきいた。その頃は、戦争でひさしく逢えなかった人たちに久しぶりに逢ったり消息をきくのがうれしくて、誰に逢ってもなつかしい頃であった。(7)

「飲食緊急措置令」が発令された当初は一九四七年末までの予定であったが、その後延長を繰り返し、約二年間飲食店営業が制限された。営業が許されている業態であっても、配給品以外の商品提供には厳しい取り締まりがあった。やがて客による酒の持ち込みが黙認されるようになっていくと、キャバレーでも社交喫茶でも酒を飲む客が出はじめた。さらに、社交喫茶のなかにバンドの生演奏を取り入れる店が登場するようになると、社交喫茶とキャバレーの内容が接近していった。

飲食店の営業停止が続いていた約二年の間に、接待を伴う飲食店等の新たな法整備が進められていた。飲食店の営業再開に先立ち、一九四八（昭和二三）年九月一日には「風俗営業取締法」が施行された。対象となったのは、料亭、カフェー、料理屋、キャバレー、ダンスホール、ダンス教授所、ビリヤード、麻雀店などであった。風営法が施行された後、ようやく一九四九（昭和二四）年五月になって飲食店の営業が再開されたのである。

名士が集うクラブとして名をはせた「エスポワール」が開業したのは一九四八（昭和二三）年一二月であった。場所は銀座七丁目の奥まった細い路地である。バー営業が禁止されているなかでの開業で、「社交喫茶」としてのスタートだった。店主・川辺るみ子はバー「ボルドー」の社交係であった。川辺は戦前にも「ボルドー」で働いたことがあったが、結婚後しばらく家庭にはいっていた。戦後に離婚をすると、キャバレーのダンサーなどを経て古巣の「ボルドー」に戻っていたのである。川辺のパートナー金森幸男によると、開業当初にはたびたび進駐軍のMPが見回りにきていたという。金森は当時の酒の仕入れについて次のように述べている。

当時、酒はまだ統制物資だったため、通常のルートではなかなか手に入らず、仕入れにはかなり苦労したものだ。ところが、驚いたことに戦前裕福だった家には洋酒がかなり退蔵されていて、口もつけられずに多数残っていたのである。それを、何人かの客が風呂敷に包んで大事そうに手に提げて店にやってきた(8)。

店と客とが一緒にバーを守っていた様子が眼に浮かぶ。当時「エスポワール」では一〇名ほどの女性を雇っていたが、彼女たちの収入はチップであった。ツケ払いで飲む客であってもチップは現金で払うということが暗黙のルールになっていた。女性たちは客から受け取ったチップをひとつの箱に集め、その日の営業が終わると分けていた。

あらゆる飲食業態の再開と新オープン

飲食店の営業停止が解かれると、銀座ではあらゆる飲食業態の再開・新規開業が続いた。一九五〇（昭和二五）年三月二五日付『讀賣新聞』によると、三月現在、銀座表通りには軽飲食を含む料理店が七〇〇軒、カフェーが二四〇軒、料亭九二軒、キャバレー九軒となっており、そのうち中国、ブラジル、トルコ、アルゼンチン、フランスなどの外国人経営の店が二五軒もあるという[9]。銀座は戦後も日本を代表する盛り場として多種多様な飲食店を集積させた。キャバレーは九軒と少ないように見えるが、自ずと大規模店になることは既に述べたとおりである。大箱であるがゆえに、キャバレー一軒の影響力はカフェーやバーよりも大きかった。キャバレーのなかには「ナイトクラブ」という業態名を使用する店もあった。

一九五一（昭和二六）年九月にサンフランシスコ講和条約が締結されて日本が主権を回復すると、銀座では接収解除が続いた。新しい時代を迎え、銀座の夜がにぎやかになるいっぽうで、銀座の街から姿消したのが「露店」であった。露店は関東大震災前から銀座の夜の名物となっていたが、一九五一（昭和二六）年一二月末をもって営業が禁止された。露店の禁止はGHQの方針を受け継いだものだった。

「社交喫茶」の系譜に連なるカフェーやバーも活気を取り戻しつつあった。一九五〇（昭和二五）年四月には、「銀座社交喫茶組合」は名称を「銀座ソシアルサロン組合」に改めた。当時のバーの雰囲気を知ることができる映画に、一九五一（昭和二六）年春公開の「銀座化粧」（監督：成瀬巳喜男、主演：田中絹代）がある。この映画には営業中のバーに花を売る子どもが入ってくるシーンがある。当時、夜の銀座では花を売る子どもたちの姿がよく見られた（図7-4）。その多くが戦災で身寄りのなくなった貧しい子どもたちであった。彼女たちも夜の銀座を生業にしていた人々である。

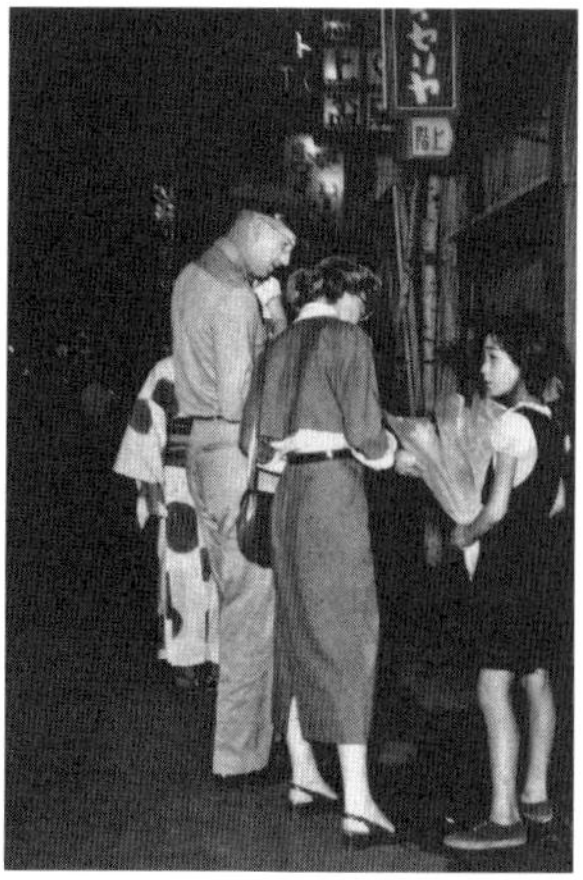

図7-4　夜の銀座の街頭で花を売る少女（撮影：福田勝治）（『アルスグラフ臨時増刊銀座』より）

一九五二（昭和二七）年六月、作家の池田みち子は、開業したばかりのキャバレー「キャンドル」を訪れ「キャバレー初見參　「男だけの天國」の門をくぐつて」という手記を一九五二（昭和二七）年九月号の『りべらる』に掲載した。女性が客の立場で見た戦後のキャバレー報告は珍しい。池田は自分の席についた女性たちにいろいろな質問を投げかけた。それによると、銀座のキャバレーでは自分の客をもっていないとなかなか雇ってもらえなかったようだ。席に着いた女性たちも他店からの移籍であった。彼女たちは馴染みの客に手紙を書いたり、電話をかけたりしながら自分目当てで来店してくれるように営業をかけていた。他の女性にとられないためにネクタイや靴下などのプレゼントも必要だったようだ。池田は職業をもつ女性同士として彼女たちの話には好感すらもったようである。池田がキャバレーを訪れて持った違和感は、客たちが飲食代をどこから出しているのかという点であった。池田は客層を次のように述べている。

所謂社用族というのが多いらしい。「會社も不景氣になつた」と言うが、お客さんを眺めたところでは、大半が、自分の金で自分が遊んでゐるのではないらしい。（中略）デモだ！火炎ビンだ！破防法だ！と、蜂の巣をつついたやうな険しい世の中の片隅で、美人や酒を利用しながら、仕事を動かしてゐる人たちのゐるのをみると、その人たちが悪いというよりも、さうしなければゐられない、社會の組織の裏面をみてゐるやうで、かういう裏面に反撥せずにはゐられなかつたのだ。[10]

池田の報告を読むと、一九五二（昭和二七）年時点で既に現在のビジネスモデルができあがっていたことに気づく。キャバレーで働く女性たちの商売を成り立たせているのは自分を支持する顧客であった。客をつなぎとめるためには、店内での接客だけでなく日頃の営業や多少の先行投資が必要だった。客たちが店に落とす売上は会社の接待交際費であり、会社員たちは自分の懐を痛めて遊んでいるのではなかった。たとえ価格設定が一般飲食店より高くても、銀座での接待が仕事上必要であれば成立した。

キャバレーの女性たちが顧客を持ったプロの接待係となる一方で、素人の女性ばかりを集めた「アルバイトサロン」という新たな業態が登場した。略して「アルサロ」である。既存のキャバレーとアルバイトサロンの違いは、女性たちの報酬システムであった。もともとキャバレーの女性たちには固定給がなかったが、アルバイトサロンの女性たちは時給制だった[11]。客をもっていなくても仕事につけ、出勤している時間の時給が保証された。女性たちが時給で働いているため、客側は現金でチップを支払う必要はなく、その代わりにサービス料が売上に加算されるという仕組みであった。アルバイトサロンは大阪で誕生した新業態だったが、一九五三（昭和二八）年一〇月に銀座に進出した。銀座二丁目にオープンしたアルバイトサロン「赤い靴」である。わかりやすい料金体系がサラリーマンたちに支持された。アルバイトサロンに対抗して「未亡人サロン」をうたう店も登場したが、やがて「素人」と「専業」の区別は曖昧になっていった。

2　経営者として注目される銀座のマダム

小さなバーのマダムたち

戦前のカフェーやバーの流れをくむ「社交喫茶」は、戦後はキャバレーとは別のかたちで発展した。のちに政治家や有名作家、映画監督などが集う高級クラブに繋がっていったのは、「社交喫茶」と称していたバー業態である。その筆頭に挙げられるのが川辺るみ子が経営する「エスポワール」であった。川辺が「エスポワール」を開業したきっかけは、雇われマダムとして声がかかったことだった。三年後の一九五一年には店を買い取りオーナーマダムとなり、一九五三年には店を法人化した。

戦後は経営を法人化するバーが急増したが、その背景には税金対策があった。銀座で「アリババ」というバーを経営していた織田昭子は「戦後バアが何々観光という株式会社を名乗るようになると色つぽいはずのマダム族もどこか逞しく、事業家じみてきた[12]」と述べている。戦後のマダムたちは、器量や気立てだけでは通用せず、経営者としての腕前も求められた。織田によるとマダムの条件は「正確な経理、帳簿は家計簿のごとく克明に記帳され、売掛金回収の品のいいやり口、すなわち一に常識的女性であること[13]」である。戦後のバーの看板は「女給」ではなく、「マダム」であった。客たちはマダムを目当てに店に通った。

「エスポワール」のマダム川辺るみ子は特に経営が上手かった。文壇の人々はもちろんのこと、首相クラスをはじめとした政財界の重鎮を客にした。小さな店であったが客層に合わせて他店よりも高い価格を設定した。その結果、一般の人が近づけない特別な隠れ場所になった。どんなに「偉い人」が来ても客はみんな「偉い人」であるために、店のなかではひとりの客に過ぎず、客はそれを喜んだ。居心地のよいバーにするために川辺が特にこだわったことは、指名制をとらなかったことと店内の椅子の配置である。指名制をとらないため、店の女性たちは客を争うライバルではなかった。店内は壁にそってぐるりとソファー席が配置され、ボックス席はつくらなかった。客は店に入ると逃げも隠れもできないかわりに、いつの間にか常連同士が挨拶を交わすようになっていった。「エスポワール」の経営スタイルは、後に続く銀座のバーに大きな影響を与えている。

小さなバーが競うようにオープンしていたなか、一九五六（昭和三一）年八月にバー「クラクラ」が銀座五丁目の路地にオープンした。オーナーは坂口安吾の妻、坂口三千代である。坂口安吾が急死した翌年のことであった。坂口三千代は雑誌のインタビューで開業の経緯について次のように答えている。

武田麟太郎さんの奥さまもそうだし、織田作さんの奥さまもバーをやってますでしょう。作家の奥さんというのはふだんからのんべえの相手、いわば接客業で、その延長としてバーを始めることになるんでしょうか。ですが、わたしはまだ開店して一ヵ月にしかなりませんから、いちいちおどろいたり、感心したり。バー開店の資金は、版権料の前借をして都合しました。いまのところ、お客さまは文壇関係の方と店の女の人達の知合いの方達です。[14]

小さいバーであったが、「クラクラ」は文壇バーとして多くの作家に支持された。マダムの坂口三千代は、一九五七（昭和三二）年二月から雑誌『酒』（酒之友社）に「クラクラ日記」の連載をはじめた。彼女に連載をもちかけたのは、『酒』の編集長、佐々木久子である。『酒』は一九五五（昭和三〇）年六月号より佐々木久子が編集・経営を引き継ぎ、女性だけの編集部で刊行されていた雑誌である。『酒』一九五八（昭和三三）年九月号には、二周年を祝う「クラクラ」の店内の様子が掲載されている（図7－5）。写真のキャプションには「もう坂口安吾未亡人の店というようなケレン味を脱してママ三千代さんの人柄がこの店を大きく成長させている」[15]とある。夜の銀座は女性たちが第二、第三の人生を自分の足で歩きはじめるための場所であった。そして、戦後の夜の銀座は、女性が経営者としての能力を発揮できる希少な場所でもあったのである。

『酒』に掲載された写真をもう一枚紹介したい。図7－6の写真は、当時文藝春秋編集局長だった池島信平の雑誌記者生活二五年を祝う集いの様子である。当時銀座に本社があった文藝春秋は銀座のバー常連だった。マイクの前で祝辞を述べているのは「バー友」代表の川口松太郎、右端の女性が

「エスポワール」のマダム川辺るみ子、左端の女性が「おそめ」のマダム上羽秀である。この写真が撮影されたのは一九五七（昭和三二）年六月一八日、川口松太郎が短編小説『夜の蝶』を『中央公論』に発表した直後である。おそらくこの時点では川口も川辺も上羽も映画「夜の蝶」の反響の大きさを予測していなかったに違いない。

『夜の蝶』は、銀座でバーを経営するふたりのマダムが火花を散らすというあらすじで、内容自体はフィクションである。それでもそのモデルと言われているのが「エスポワール」の川辺るみ子と

図７-５　開業２周年を揃いの浴衣で迎える「クラクラ」の店内（『酒』1958年９月号より）

図７-６　池島信平氏の記者生活25年を祝う会の様子（『酒』1957年８月号より）

「おそめ」の上羽秀なのである。小説が発表された時点では銀座界隈で話題になった程度であったが、同年の夏に映画が公開されると社会現象と言えるほど大きな反響があった。映画「夜の蝶」でマダムを演じたのは大映の看板女優京マチ子と山本富士子であった。新聞各紙が映画評を掲載し、マスコミは競うように川辺るみ子と上羽秀を取材した。両者の反応については金森幸男『銀座・エスポワールの日々』、石井妙子『おそめ』に詳しく書かれている。

同業者の反応は一般の観客とは異なっていた。東京社交マネージメントクラブの機関誌『ザ・マネージメント』一九五七（昭和三二）年一〇月号では「銀座を襲った『夜の蝶』旋風余波」という特集ページが組まれた。本当の銀座の姿は描かれていないというのが大方の声である。記事によると、同業女性たちの関心は京マチ子と山本富士子の着物であった。なかには全着物の値段を調べた者もいた。パトロンだの若いツバメだのが登場することに対する反発もあったが、一部にはあてはまる人もいるということのようだ。店の支配人たちは、シックな内装であるはずの銀座のバーが派手に飾り付けられてまるで「フルーツパーラー」のようだと笑った。同業者が見るポイントがストーリーよりも細かい演出部分である点が面白い。戦前にヒットした廣津和郎の『女給』のように、実在の人物をモデルにした銀座の物語は、戦後になっても話題に事欠かないようだ。戦前の女給ブームと異なっているのは、主役が「女給」ではなく「マダム」であるという点である。

「女給」という蔑称

戦後の様子を記述している本章では、意図的に「女給」という言葉を使用していない。戦後になると、カフェーやバーで働く女性たちは「女給」と呼ばれることを嫌うようになっていた。戦前の女給ブームを経て、「女給」という言葉を蔑称と感じるようになっていた。終戦間もない一九四七（昭和二二）年三月にカフェーで働く女性たちの組織「東京ウエイトレスユニオン」が結成されたが、「女給」とせずに「ウエイトレス」としたのは、「女給」という言葉に含まれる蔑みの視線を拒否するという意思表示であった。

「女給」という言葉を拒否する彼女たちの気持ちを、同業男性も最初は理解できなかったようである。雑誌『りべらる』一九五二（昭和二七）年五月号掲載の「座談會・銀座の女給を取調べる」に参加した銀座ソシアルサロン組合の理事は「女給さんという言葉がいやでウエイトレスユニオンというているのですが、何も女給で結構だと思うのですが[16]」と述べている。それでも一九五〇年代半ばには、業界内では店の女性たちのことを「社交員」あるいは「社交係」と呼ぶようになっていた。

新聞、雑誌、映画などのメディアでは、戦後も変わらずに「女給」という言葉が用いられていたため、当事者たちが「女給」という言葉を嫌っているということは一般には浸透していなかった。一九五五（昭和三〇）年には東映製作の「まごころの花ひらく 女給」という映画が公開されているし、「夜の蝶」でも「女給」という言葉が使用されている。しかし「夜の蝶」の頃になると、「女給」という言葉が蔑称であるという認識が業界内の男性にも浸透していた。前掲の業界誌『ザ・マネージメント』の「夜の蝶」批評のなかには、「現代ジャーナリストが、無意識に書く「女給」という呼名だけでもいいかげんカチンときている[17]」という組合役員の発言がある。

やがて、「女給」に代わる呼び名として「ホステス」という新語が登場しはじめた。作家や脚本家のなかには、「女給」が「ホステス」へと変化しつつあることに関心を示すものもいた。富田常雄は一九五八（昭和三三）年一二月発行の『別冊文藝春秋』に『ほすてす』という短編を掲載している。次はその一部である。


「おい、店の表にホステス募集つていう貼紙がしてあるね。なんだい」

（中略）

「ホステスつて女給のことよ」

「へえ、そうかい。新語だね」

「女主人とか、女あるじとか云うらしいのね。アメリカでは女案内人やダンサーのこと呼ぶらしいんだけれど、日本では女給ね」

「なる程ね」

「女給つていうより感じがいいからよ。今に日本語になつてしまつてよ、きっと」

「はははは、なかなか學があるね」(18)


「ホステス」という言葉は、オリンピックの開催をひかえ国際社会の仲間入りを目指す日本にとって、突如として輸入された魔法の言葉であった。特に女性雑誌は「ホステス」という言葉を好意的に使用し、皇室の女性たちやＶＩＰの奥様方を「ホステス」として紹介している。航空会社のなかには客室乗務員の呼び名を「ホステス」に統一した企業もあった。一九六二（昭和三七）年一一月には、東京観光社交業界連合会[19]がマスコミ各社にあてて、「女給」と呼ぶのは蔑視感を伴うため、今後は「社交員」あるいは「ホステス」と呼ぶように要望した。[20]それ以降「女給」という言葉はマスメディアから消えることになったのである。

一九六二（昭和三七）年一一月、奇しくも女給消滅と同じタイミングで、戦後を象徴していた店舗が姿を消した。銀座四丁目三越裏の「キャバレー美松」がクリスマスを目前に営業を終了したのである。大きな館で大人数を雇うタイプのキャバレーは銀座の地価と人件費では成り立たなくなっていた。進駐軍が去って一〇年後のことである。

銀座ではマダムが店全体に目を行き届かせることのできるヒューマンスケールの店が根を張った。「エスポワール」や「おそめ」で働いていた女性たちのなかには、独立して自分の店を持つ女性がいた。またその店からも独立をして自分の店をもつ女性がいた。そして、そのいくつかは現在でも営業を続け、またその店からも新たな店が生まれている。

もとをたどれば、「エスポワール」の川辺るみ子も「ボルドー」から独立した女性であった。川辺るみ子が働いていた「ボルドー」は、二〇一六年一二月に惜しまれながら閉店した。蔦のからまる建物は取り壊されて姿を消してしまっている。「ボルドー」が一九二七（昭和二）年創業であること、そして店主は新橋芸者であったことは既に述べたとおりである。現在に続く糸をたどると、最初に女給をおいたとされる「台湾喫茶店」のおかみさんも新橋芸者であったことを思い出す。夜の銀座と花街文化は別のように見えて、どこかに重なるところがあるようだ。マダムがいつからママになったのかはわからない。おそらく店の女性たちがママと呼んでいたのが、いつの間にか客もママと呼ぶようになったのであろう。置屋で芸妓たちがおかあさんと呼ぶように、銀座のバーは彼女たちの小さな家だったに違いない。家で育ち、やがて家を出て、時には喧嘩別れをして、新たに家をかまえる、そんな小さな繰り返しが銀座の夜を繋いできた。夜の銀座文化は女性たちが継承してきた、いわば女系の文化だと言えるのではないだろうか。

（1）平井和子『日本占領とジェンダー　米軍・売買春と日本女性たち』有志舎、二〇一四年、三〇頁。
（2）前掲、銀座社交料飲協会『銀座社交料飲協会八十年史』、八八頁。
（3）『朝日新聞』一九四五（昭和二〇）年九月一三日東京朝刊、二頁。
（4）『朝日新聞』一九四五（昭和二〇）年一〇月三日、朝刊、二頁。
（5）福富太郎『昭和キャバレー秘史』河出書房新社、一九九四年、七四頁。
（6）「我が世を謳歌する榎本正氏」『日本社交タイムズ』第五号、一九四六（昭和二一）年一二月五日発行。
（7）十返肇「銀座文壇地図」高見順編『銀座』英宝社、一九五六（昭和三一）年、六六頁。
（8）金森幸男『銀座・エスポワールの日々』日本経済新聞社、一九九三年、二二一―二三頁。
（9）「銀座の生態　料飲店千軒を超す」『讀賣新聞』一九五〇（昭和二五）年三月二五日朝刊、三頁。
（10）池田みち子「キャバレー初見參」『りべらる』一九五二（昭和二七）年九月号、一〇七頁。
（11）キャバレーの女性たちが現在の「売上のおねえさん」（売上の歩合で報酬を得るベテラン女性）であるとすれば、アルサロの女性たちは現在の「ヘルプ」（客を持たない時給制の女性）にあたる。アルバイトサロンはヘルプばかりの大衆キャバレーというイメージである。二〇一八年一月に閉店したキャバレー「白いばら」

も一九五四年にキャバレー「ニュータイガー」からアルバイトサロン業態への転向であった。

(12) 織田昭子『マダム』三笠書房、一九五六（昭和三一）年、六一頁。

(13) 前掲、織田昭子『マダム』、六二頁。

(14)『毎日グラフ』一九五六（昭和三一）年九月三〇日号、一七頁。

(15)『酒』酒之友社、一九五八（昭和三三）年九月号、三八頁。

(16)『りべらる』白羊書房、一九五二（昭和二七）年五月号、四九頁。

(17)『ザ・マネージメント』東京社交マネージメントクラブ、一九五七（昭和三二）年一〇月号、五頁。

(18) 富田常雄「ほすてす」『別冊文藝春秋』一九五八（昭和三三）年一二月、七九頁。

(19) 現在の東京都社交飲食業生活衛生同業組合。銀座社交料飲協会（ＧＳＫ）の上部団体である。

(20) 前掲、福富太郎『昭和キャバレー秘史』、一五九頁。

あとがきにかえて——女給たちが教えてくれたこと

明治、大正、昭和を通して、夜の銀座で懸命に生きた女性たちの姿をみた。やがて、彼女たちのなかから自分の店を持つ女性が現れ、みごとな経営手腕を発揮する彼女たちは成功者として語られるようになっていった。女性の社会進出は、昼の世界よりも、夜の世界が先行していたのである。社会の周縁部にいた孤独な女性たちは、蔑みの対象にされるのと同時に、自分の人生を自ら選ぶ決定権を手にしていた。

女給たちの変遷を通史でとらえ、改めて考えさせられたことは、彼女たちを性の対象化するまなざしが、社会のシステムに組み込まれていくプロセスであった。戦前の日本には、独身の若い男女が交流をする機会はほとんどなかった。そのような環境を鑑みると、男子学生たちが若い女性との交流を求めてカフェーに通いつめたことは自然なことだったのかもしれない。男たちの世界では、学生たちがどんな目的でカフェーに通うのかは周知の事実だったのだろう。女給のいる飲食店を「特殊飲食店」と規定する法規制が施行されたのは、国家の未来が託されている若い男性を管理するためであった。学生たちが学業に専念するように、さらには、女給たちと恋愛関係になって性病に罹患し兵営を免れることのないように、という理由であった。そのような目的で発令された「特殊飲食店営業取締規則」の内容は、一九四八（昭和二三）年に施行された「風俗営業取締法」に継承された。かくして、「接待を伴う飲食業」という特殊な外食業態が日本に根を張ることになったのである。

夜の盛り場で働く以外の選択肢を持たなかった女性たちは、与えられた環境で精一杯働き、その場所が自分の居場所となっていった。そのような者が多くなれば、やがてそれは文化を形成するだろう。夜の銀座文化は、その街に生きた人々の誇りとアイデンティティがつくりだしたものである。また、女給たちがそうであったように、現在でも「接待を伴う飲食業」にセイフティーネットの役割があることは否定できない。多くの女性たちが夜の世界に助けを求め、救われたことだろう。

しかし、飲食店に性差の問題が絡むと、その業界はブラックボックス化してしまう。女給に関する問題は、客である男たちと当事者にしか見えなかった。本書の史料の偏りがそのことを示している。このブラックボックス化は現在にも通じている。特定の性別しか知り得ない業態であることが、飲食業と性の問題を論じにくくさせている。しかし、昨今のキャバクラ、ホストクラブなどの過熱ぶりをみると、もはや飲食業と性に関する議論を避けることはできない。現在の問題に目を向けてほしいと女給たちに突きつけられたような気がしている。

さて、本書がどのような経緯で生まれたのかを振り返ってみたい。

本研究のはじまりは、二〇一四年九月一日に銀座のバー「しにふぃあん」で「関東大震災と銀座・日比谷」という勉強会を開催したことだった。関東大震災からちょうど九一年目にあたる日に、研究者、会社員、学生など九人が集まった。それから約九年が経ち、二〇二三年は関東大震災から一〇〇年という節目の年である。

筆者が女給に注目するようになったのは二〇一五年頃からである。この年は拙著『生活合理化と家庭の近代――全国友の会による「カイゼン」と『婦人之友』が刊行され、大学院時代から取り組んできた研究が一区切りを迎えた時期であった。じつは、この「全国友の会」の研究は、女給の研究と対になっている。共通点はどちらも無名の女性たちが近代をどのように生きてきたのかを問う点であるが、違いはそれぞれの社会的な立場にある。『婦人之友』の愛読者である「全国友の会」の会員は経済的に恵まれた主婦たちであったため、「全国友の会」の視点だけでは近代化と女性たちの関係をとらえるには不十分であった。それに対して、女給は経済的に困難を抱えた女性たちであった。いま、女給たちの研究を経て、ようやく日本の近代における女性たちの姿を想像できるようになったと感じている。

一九三〇（昭和五）年はとても不思議な年である。関東大震災からの復興を祝う「帝都復興祭」が開催されたこの年は、不況が吹き荒れ、産業合理化という言葉が流行り、あらゆる企業が経費の削減に知恵を絞っていた。同時に、銀座通りに大阪資本のカフェーが進出し、女給ブームが最高潮に盛り上がった年でもある。大衆化路線に舵を切った『婦人公論』が廣津和郎の『女給』の連載を開始したのも一九三〇（昭和五）年であった。一方、『婦人之友』の愛読者たちは、女給ブームなどどこ吹く風とでもいうように、一九三〇（昭和五）年に「全国友の会」を立ち上げ、翌年から全国で「家庭生活合理化展覧会」を開催した。賢い家計のやりくり、健全な家事運営を全国に啓蒙するためである。これらの出来事が同時に起こっているということは偶然ではない。震災復興とともに急速に消費社会化が進むなかで、多様な価値観が複雑に絡まっていた。とてもエネルギッシュな時代である。ただし、一九三〇年頃の史料を読んでいつも思うことは、この人たちはそのあとに戦争があることを知らないということである。一九三〇（昭和五）年のエネルギーはどこに向かっていったのだろうか。生活者の目線に立ち関東大震災から戦後までをつなぐこと、これは今後もこだわっていきたい研究の視座である。

女給の研究にはいくつもの困難があった。カフェーの女給はホステスの前身であるという知識しか持たずに研究をスタートさせたが、いざ史料を集めようとするとなかなか女給の史料が見つからなかった。カフェーの歴史と女給の歴史を切り離し、「給仕をする女性たち」の史料を集める必要性に気がついたのは、松崎天民の新橋ビーヤホールに関する記事がきっかけだった。カフェー誕生の一〇年以上前、新橋ビーヤホールでは既に女性の給仕が客を魅了していたと知ったときには目から鱗が落ちた。カフェー誕生前の時代に着目することになったのは松崎天民のおかげである。その他にも、第一章から第五章まで、松崎天民のエッセーが唯一の情報源となっている箇所が多数ある。銀座の風俗史研究の最大の功労者は間違いなく松崎天民である。

一九一一（明治四四）年以降、カフェーが誕生してからの史料はかなり複雑になった。どの店が、いつ、どの場所で開業し、誰が集っていたのかなど、雑多な情報を整理することは非常に難しく、研究は一時頓挫しかけていた。ちょうどその時に上梓されたのが、銀座史研究の第一人者である野口孝一の『銀座カフェー興亡史』であった。野口氏が銀座におけるカフェー通史を明らかにしたことで、女給研究のバックボーンができた。本書は野口氏の功績なくして日の目を見ることはなかっただろう。

女給について書かれている同時代史料を探していくと、多くの文学作品が重要な史料となった。カフェーの常連だった文壇の人々、女給経験を経て作家になった女性たち、彼・彼女らの作品には、時代の証言者としての貴重な言説が多数含まれていた。ただし、文学作品を社会史の史料としてどのように扱うかについては、非常に頭を悩ませた。そこで本文では、実話に基づいているとされている作品だけを取り上げることにした。谷崎潤一郎の『痴人の愛』に言及していないのも、永井荷風の『つゆのあとさき』が紹介程度なのも、そのような消極的な理由からである。

もちろん、谷崎も永井も当時の社会風俗については最先端の情報を知る立場にあり、そのことが作品に表れている。一九二四（大正一三）年に発表された谷崎の『痴人の愛』では、主人公が浅草のカフェーで働いていた奈緒美と出会う。奈緒美は当時かぞえで一五歳という設定だが、この年齢設定は「職業婦人調査 女給」の結果に合致している。浅草の女給は他地域に比べて比較的若い少女のような女性たちが多く働いていたのである。一九三一（昭和六）年に発表された永井の『つゆのあとさき』では、銀座の女給君江と家で夫の帰りを待つ鶴子が対比的に描かれている。作品では君江に関する記述が多く、鶴子の出番が少ないため、書評などで注目されるのは君江である。実際、一九三一（昭和六）年一一月号『改造』に掲載された谷崎潤一郎の『つゆのあとさき』評では鶴子に関する言及はほとんど見られない。だが筆者が注目したいのは「女給と奥様」という構図である。女給ブーム以降、銀座女給が成功者のように語られはじめると、新聞雑誌などでは女給対奥様の企画が氾濫した。『つゆのあとさき』は、「女給」と「妻」の交わることのない世界を描いた先駆けだったのではないだろうか。このふたつの「界」の分断が日本の女性たちの課題であることは、戦後にも、そして現代にも続いている。

林芙美子『放浪記』は発表の時系列を追うのが難儀であった。雑誌『女人藝術』に掲載された順番と、最初の単行本『放浪記』に書かれている日記の順番が入れ替わっていたからである。社会現象としての女給ブームを紐解くためには、発表順が重要である。それらを調べる際に大変お世話になったのが「国立国会図書館デジタルコレクション」であった。最初に掲載された「秋が來たんだ――放浪記」がカフェーに関する内容だったことを知り、いくつかの疑問が解けた気がした。初出の日付を確認するという点では、松崎天民の『銀座』が、『中央新聞』の記事の単行本化であったことも本文で述べた通りである。松崎の『銀座』が震災から復興した銀座を紹介する新聞連載であったことを知り、そこに書かれている情報の真価に気づくことができた。初出の『中央新聞』を確認する作業は、国立国会図書館の新聞資料室で行った。

第七章の戦後に関する史料も、国立国会図書館での閲覧が中心である。国立国会図書館の憲政資料室では、GHQが検閲のために集めた新聞雑誌の一部（米国メリーランド大学プランゲ文庫所蔵）のデータを閲覧することができる。その史料群のなかに終戦直後に結成された東京キャバレー連盟の機関紙『日本社交タイムズ』を見つけることができた。女給当事者の声はほとんど掲載されていないが、戦後の業界動向をつかむために大変役立った。戦後の女給当事者の声は、戦前以上に集めることが難しかった。「女給」と呼ばれる女性たちの地位が、戦前よりも低くなっていたのではないだろうか。カストリ雑誌をはじめとして、戦後の雑誌にはバイアスのかかった記事が多く、女給に関する記事では露悪的で侮辱に満ちた言説が散見された。表象研究という点では貴重な史料であることに違いないが、女給たちの名誉を守るという立場から、本書ではそれらの史料は用いなかった。

このように、本研究ではできる限り当事者の視点、あるいは同業者の視点で同時代の史料を探し出し、それを繋ぎ合わせて通史に仕立てた。このような史料集めを可能にしてくれたのは「国立国会図書館デジタルコレクション」をはじめとした検索システムの進化である。もちろん、新聞各社が記事検索機能を充実させていることも重要である。古書の入手も全国古書籍商組合連合会が運営する検索サイト「日本の古本屋」で大変便利になった。本研究では多くの希少な古書を利用しているが、それらは「日本の古本屋」を通じて購入したものがほとんどである。おそらく、図書館に通いつめ、古本屋に通いつめ、というだけでは女給研究を発表することはできなかったであろう。埋もれてしまった言説を探し出せる時代に研究できることに感謝するとともに、資料のデータ化に日々勤しんでいる方々に心からの敬意を表したい。

現代の研究者はめずらしい資料を簡単に入手できるようになった。その結果、歴史のなかに埋もれてしまっていた市井の人々の声を見つけることができる。問題はそれらの声をどう聴くかという聴く側の姿勢ではないだろうか。名もなき人々の声の扱いについては、立教大学名誉教授の北山晴一先生に師事し、社会デザイン学を学んだ影響が大きい。社会デザイン学は、これからの社会をどのようにつくっていくのかを、社会を構成する一員として問い続け、社会に働きかけ続ける学問であると筆者は考えている。この視点は「これからの社会」のみならず、「これまでの社会」を考えるときにも重要である。

例えば、筆者が歴史史料を読むときに気をつけていることは主に次の三つである。一つ目は、社会を動的なものとして捉えることである。とりわけ通史で物事を捉えようとすると、言葉も、意味も、評価も、常に変化していってしまう。定義づけることを目的にして対象を追いかけると、迷子になってしまうことが往々にしてある。二つ目は、まなざしの複数性を受け入れることである。特に接客など人と人が関わる事象では、受け手と送り手では見方や感じ方が異なっている。また、女給ブームと全国友の会の設立が同時に起こったように、同じ時代であっても複数の価値観が絡み合い同時に存在している。スッキリと割り切れないのが社会の姿なのである。そして三つ目は、社会を構成している人びとの当事者の視点を大切にし、「個」に寄り添うことである。女給を研究するにあたっては、特にこの、個に寄り添う視点を重視した。女給という言葉でひとくくりにされ、メディアでの表象や蔑みの視線にさらされてきた女性たちには個別の事情があり、一人ひとりの人生があった。幾重にも貼り重ねられたラベルから彼女たちを解放することを目指して、できる限り女給たちのリアルな暮らしに注目をしたつもりである。

その結果、女給たちの研究をひとつの結論にまとめることはできなかった。女給たちの実態は、生きるために働く女性たちであり、それぞれにまったく異なる人生を背負った女性たちであった。彼女たちの存在をひとまとめに論じてしまうことは、新たなラベルを貼ることになってしまうだろう。ただ願わくは、日本の近代女性史を論じるうえで女給を選択した女性たちの存在が語られるようになってほしい、それが筆者の願いである。

この研究には、明らかにすることができなかった多くの課題が残されている。まず、花街との比較、欧州のカフェーやアメリカのキャバレーとの比較など、比較の視点を用いて銀座の夜を考察することができなかった。また、一九六〇年代以降の銀座の姿についても、この研究では触れることができていない。とくに、先に触れたとおり、現在の飲食業と性の問題は、SNSをはじめとするメディアでの表象や若年層への影響など、新たな問題を孕んでいる。これらの課題については今後改めて取り組んでいきたい。

研究方法にもいくつかの限界があった。言説分析だけではイメージすることが難しかったのは、店内の音と匂いと明かりであった。大音量のジャズというのはどのような音だったのか、脂粉の香りと煙草のにおいが漂う空間とはどのような空間なのだろうか。赤い灯青い灯とはどのような光だったのか、次から次への想像が掻き立てられ、興味が尽きることはなかったが、同時に勉強が足りないことを痛感するばかりであった。

本書を執筆するにあたって、北山晴一先生には貴重なご助言をいただいた。ここに改めて感謝の意を表したい。現在でも、北山先生にはM・フーコー『言葉と物』、『臨床医学の誕生』の読書会を通じて多くのことをご指導いただいている。そして読書会で共に学ぶ先輩方、仲間たちからも大いに刺激を受けている。そのメンバーのひとりであり、水俣研究をライフワークにしていた稲垣聖子さんからは、個に寄り添うことの重要性を学ばせていただいた。

また、筆者が非常勤講師だった時代に、銀座の女給研究を評価し、応援してくれた福田育弘先生（早稲田大学教授）と福田美紀子さんにも御礼の気持ちを伝えたい。お二人には二〇一四年九月一日の

「関東大震災と銀座・日比谷」の勉強会にも参加していただいた。

本書を出版するにあたっては、まず、構想の段階で声をかけていただいた島村真佐利さんに御礼を申し上げたい。そして、編集をご担当いただいたミネルヴァ書房の本田康広さんには、辛抱強く未熟な筆者を導いていただいた。心から感謝申し上げたい。そして最後に、筆が進まない時に話し相手になってくれた母にも感謝の気持ちを伝えたい。

二〇二三年二月

小関孝子

本書の出版は、跡見学園女子大学学術図書出版助成による。

参考文献

赤岩州五編著、原田弘・井口悦男監修『銀座 歴史散歩地図 明治・大正・昭和』草思社、二〇一五年。

朝日新聞社社会部編『日本人の暮らし』修道社、一九五六年。

東智恵子『欲望よ・こんばんわ——東京やどかり族』あまとりあ社、一九五八年。

有明暁『カフヱ行進曲』新進社、一九二九年。

安藤更生『銀座細見』春陽堂、一九三一年。

壹岐晴子『エロ・エロ娘百景』誠文堂、一九三〇年。

池島信平・扇谷正造『縦横おかめ八目』修道社、一九五六年。

池田弥三郎『銀座十二章』朝日新聞社、一九六五年。

石井妙子『おそめ——伝説の銀座マダムの数奇にして華麗な半生』洋泉社、二〇〇六年。

石角春之助『浅草裏譚』文藝市場社、一九二七年。

石角春之助『銀座解剖図 変遷史篇』丸之内出版社、一九三四年。

石角春之助『銀座女譚』丸之内出版社、一九三五年。

石角春之助『銀座秘録』東華書荘、一九三七年。

岩動景爾『東京風物名物誌』東京シリーズ刊行会、一九五一年。

海野弘『モダン都市東京——日本の一九二〇年代』三陽社、一九八三年。

大林宗嗣『女給生活の新研究——大阪市に於けるカフエー女給調査』巖松堂書店、一九三二年。

岡本哲志『銀座　土地と建物が語る街の歴史』法政大学出版局、二〇〇三年。

岡本哲志『銀座四百年――都市空間の歴史』講談社、二〇〇六年。

岡本哲志『銀座を歩く――四百年の歴史体験』講談社、二〇一七年。

小木新造「銀座煉瓦地考――開化東京の光と翳り」林屋辰三郎編著『文明開化の研究』岩波書店、一九七九年、二八一―三二三頁。

沖藤典子「自らを熱き太陽に――実録・女給小夜子」北海道ノンフィクション集団『凍野の残映　北海道人物誌』みやま書房、一九八二年、七三―一四七頁。

奥田万里『大正文士のサロンを作った男――奥田駒蔵とメイゾン鴻乃巣』幻戯書房、二〇一五年。

織田昭子『マダム』三笠書房、一九五六年。

小野田素夢『銀座通』四六書院、一九二九年。

金森幸男『銀座・エスポワールの日々』日本経済新聞社、一九九三年。

川口松太郎「女給哀史」『新選大衆小説全集23　川口松太郎篇』非凡閣、一九三四年、一九七―二五五頁。

川口松太郎『夜の蝶』講談社、一九五七年。

川添登『今和次郎　その考現学』筑摩書房、二〇〇四年。

北川草彦『女の匂ひと香り』春陽堂、一九三一年。

木村荘八編著『銀座界隈』東峰書房、一九五四年。

木村荘八編著『銀座界隈・別冊　アルバム・銀座八丁』東峰書房、一九五四年。

木谷絹子『女給日記』金星堂、一九三〇年。

京橋協会編『京橋繁昌記』京橋協会、一九一二年。

キリンビール編『ビールと日本人――明治・大正・昭和　ビール普及史』三省堂、一九八四年。

銀座社交料飲協会『銀座社交料飲協会八十年史』銀座社交料飲協会、二〇〇五年。

銀座タイムス社編『昭和三十年版　銀座年鑑』銀座タイムス社、一九五四年。

銀座百店会『銀座百点　撰集』銀座百店会30周年記念出版、一九八五年。

銀座六丁目町会『銀座六丁目小史』(非売品)、一九八一年。

銀芽会編『銀座わが街――四〇〇年の歩み』白馬出版、一九七五年。

草間八十雄『女給と賣笑婦』汎人社、一九三〇年。

楠元町子「万国博覧会の展示と世界観の形成――1904年セントルイス万博を中心に」『日本生涯教育学会論集』第二八号、二〇〇七年、一一一〇頁。

楠元町子「万国博覧会に見る明治政府の国際戦略――1902年ハノイ博覧会と1904年セントルイス万博を中心に」『愛知淑徳大学論集――文学部・文学研究科篇』第三七号、二〇一二年、一〇五―一二〇頁。

楠元町子「思考力・判断力を育てる歴史の授業――1904年セントルイス万博と「人間の展示」」『愛知淑徳大学論集――文学部篇』第四三号、二〇一八年、六九―八六頁。

窪川いね子「レストラン・洛陽」『研究會插話』改造社、一九三〇年、一三一―五九頁。

桑原幹根『警察風景』松華堂書店、一九三〇年。

警視庁史編纂委員会編『警視庁史 昭和前編』警視庁史編纂委員会、一九六二年。

国立歴史民俗博物館編『性差《ジェンダー》の日本史』国立歴史民俗博物館、二〇二〇年。

小松直人『エログロ――カフェ・女給の裏おもて』二松堂、一九三一年。

権田保之助『社會研究 娯樂業者の群』実業之日本社、一九二三年。

近藤経一『第二の誕生』天佑社、一九一九年。

今和次郎編『新版大東京案内』中央公論社、一九二九年。

今和次郎、吉田謙吉著『モデルノロヂオ 考現學』春陽堂、一九三〇年。

今和次郎、吉田謙吉編『考現學採集 モデルノロヂオ』建設社、一九三一年。

酒井潔『日本歡樂鄕案内』竹酔書房、一九三一年。

酒井眞人『東京盛り場風景』誠文堂、一九三〇年。

佐藤洋一『地図物語 あの日の銀座』武揚堂、二〇〇七年。

時事新報社『新東京探見』廣文堂、一九二五年。

時事通信社家庭部編『東京名物 食べある記』教育評論社、二〇二〇年。

資生堂『資生堂社史 資生堂と銀座のあゆみ八十五年』資生堂、一九五七年。

資生堂編、朝倉治彦・槌田満文監修『文学地誌「東京」叢書 第八巻 銀座』大空社、一九九二年。

清水勲『ビゴーが見た明治ニッポン』講談社、二〇〇六年。

清水勲編『ビゴー『トバエ』全素描集』岩波書店、二〇一七年。

社史編集委員会『松屋百年史』松屋、一九六九年。

自由国民社『今日の東京なんでもわかるバイブル』自由国民社、一九五三年。

高橋桂二『現代女市場』赤爐閣書房、一九三一年。

高見順編『銀座』英宝社、一九五六年。

龍池令宜『虚栄殿堂大百貨店物語』國際商工聯盟會、一九三〇年。

田中雪子『カフエー行進曲』日吉堂本店、一九三〇年。

谷崎潤一郎『痴人の愛』中央公論社、二〇〇六年。

茶園敏美『パンパンとは誰なのか――キャッチという占領期の性暴力とGIとの親密性』インパクト出版会、二〇一四年。

茶園敏美『もうひとつの占領――セックスというコンタクト・ゾーンから』インパクト出版会、二〇一八年。

中央区・中央区女性史編さん委員会『中央区女性史――いくつもの橋を渡って〈通史〉』ドメス出版、二〇〇七年。

中央公論社『中央公論社の八十年』中央公論社、一九六五年。

中央職業紹介事務局編『東京大阪両市に於ける 職業婦人調査 女給』中央職業紹介事務局、一九二六年。

津金澤聰廣・土屋礼子編著『大正・昭和の風俗批評と社会探訪――村嶋歸之著作選集 第1巻カフェー考現学』柏書房、二〇〇四年。

坪内祐三『探訪記者 松崎天民』筑摩書房、二〇一一年。

東京朝日新聞社社會部編『明暗近代色』赤爐閣書房、一九三一年。

東京市『婦人職業戦線の展望』東京市、一九三一年。

東京市社會局編『婦人自立の道』東京市、一九二五年。

東京都中央区立京橋図書館編『中央区年表 昭和時代Ⅱ（準戦時体制篇）』東京都中央区立京橋図書館、一九七六年。

東京都中央区役所編『中央区史 下巻』東京都中央区役所、一九五八年。

永井荷風『つゆのあとさき』中央公論社、一九三一年。

永井荷風『永井荷風全集 第二〇巻 断腸亭日乗：2』岩波書店、一九六四年。

永井荷風『あめりか物語』岩波書店、二〇〇二年。

永井良和『風俗営業取締り』講談社、二〇〇二年。

西清子『職業婦人の五十年』日本評論新社、一九五五年。

日本統計普及會編『時事統計圖集 第二巻 第六輯 我國社會問題（下）』日本統計普及會、一九二八年。

野口孝一『銀座物語』中央公論社、一九九七年。

野口孝一『銀座カフェー興亡史』平凡社、二〇一八年。

野口孝一『銀座、祝祭と騒乱——銀座通りの近代史』平凡社、二〇二〇年。

橋爪紳也『モダン都市の誕生——大坂の街・東京の街』吉川弘文館、二〇〇三年。

初田亨『カフェーと喫茶店——モダン都市のたまり場』INAX、一九九三年。

林芙美子『放浪記』改造社、一九三〇年。

林芙美子『放浪記・續放浪記』改造社、一九三三年。

林芙美子『決定版 放浪記』新潮社、一九三九年。

林芙美子『林芙美子全集 第二巻 放浪記』新潮社、一九五一年。

林芙美子『放浪記』新潮社、一九七九年。

日比繁治郎『道頓堀通』四六書院、一九三〇年。

平井和子『日本占領とジェンダー——米軍・売買春と日本女性たち』有志舎、二〇一四年。

平出鏗二郎『東京風俗志 中』冨山房、一九〇一年。

平野威馬雄『銀座の詩情1』白川書院、一九七六年。

平野威馬雄『銀座の詩情2』白川書院、一九七六年。

平林たい子『林芙美子』新潮社、一九六九年。

平山亜佐子『明治大正昭和 不良少女伝——莫連女と少女ギャング団』河出書房新社、二〇〇九年。

廣津和郎『女給』中央公論社、一九三〇年。

廣津和郎『女給君代』中央公論社、一九三二年。

廣津和郎『女給』改造社、一九三三年。

廣津和郎『續 年月のあしおと』講談社、一九六七年。

福田育弘「外食の大衆化と飲食空間のジェンダー化——関東大震災後の飲食場の再編成」『早稲田大学 教育・総合科学学術院 学術研究（人文科学・社会科学編）』第六二号、二〇一四年、二八九—三〇六頁。

福田勝治写真『アルスグラフ臨時増刊 銀座』アルス、一九五二年。

福富太郎『昭和キャバレー秘史』河出書房新社、一九九四年。

藤森照信編『吉田謙吉 Collection I 考現学の誕生』筑摩書房、一九八六年。

文化社『東京・一九四五年秋』文化社、一九四六年。

平和博物館を創る会編『銀座と戦争』平和のアトリエ、一九八六年。

細井和喜蔵『日本プロレタリア文学集7 細井和喜蔵集』新日本出版社、一九八五年。

細井和喜蔵全集刊行委員会『細井和喜蔵全集 第四巻』三一書房、一九五六年。

前田一『續サラリーマン物語』東洋経済出版部、一九二八年。

前田一『職業婦人物語』東洋経済出版部、一九二九年。

町田祐一『近代都市の下層社会 東京の職業紹介所をめぐる人々』法政大学出版局、二〇一六年。

松崎天民『人生探訪』磯部甲陽堂、一九一三年。

松崎天民『人間世間』磯部甲陽堂、一九一五年。

松崎天民『恋と名と金と』弘學館、一九一五年。

松崎天民『女人崇拝』精禾堂、一九二〇年。

松崎天民『銀座』銀ぶらガイド社、一九二七年。

松崎天民『銀座』筑摩書房、二〇〇二年。

水島爾保布『新東京繁昌記』日本評論社、一九二四年。
村上信彦『大正期の職業婦人』ドメス出版、一九八三年。
村嶋歸之『歡樂の王宮　カフェー』文化生活研究会、一九二九年。
柳田國男『明治大正史　世相篇』朝日新聞社、一九三一年。
山口孤剣『東都新繁昌記』京華堂書店・文武堂書店、一九一八年。
吉見俊哉『都市のドラマトゥルギー　東京・盛り場の社会史』弘文堂、一九八七年。

※新聞雑誌記事は章末注に記載

人名索引

あ 行

か 行

さ 行

た 行

な 行

は 行

ま　行

や・わ行

事項索引

ま　行

や・ら行

数字・欧文

《著者紹介》

小関孝子（おぜき・たかこ）

2013年立教大学大学院21世紀社会デザイン研究科比較組織ネットワーク学専攻博士課程修了。博士（社会デザイン学）。現在，跡見学園女子大学観光コミュニティ学部講師。著書に『ジェンダーとわたし――〈違和感〉から社会を読み解く』（共著）北樹出版，2017年，『生活合理化と家庭の近代――全国友の会による「カイゼン」と『婦人之友』』勁草書房，2015年がある。

夜の銀座史
―明治・大正・昭和を生きた女給たち―

2023年３月30日　初版第１刷発行　〈検印省略〉

定価はカバーに
表示しています

著　者　小　関　孝　子
発行者　杉　田　啓　三
印刷者　坂　本　喜　杏

発行所　株式会社　ミネルヴァ書房
607-8494　京都市山科区日ノ岡堤谷町１
電話代表　(075)581-5191番
振替口座　01020-0-8076番

冨山房インターナショナル・新生製本

ISBN 978-4-623-09560-5

Printed in Japan